LA TEORÍA DE LA CLÁUSULA EXORBITANTE

El tránsito de la cláusula derogatoria a la potestad administrativa contractual en los sistemas de contratación pública

JOSÉ ARAUJO-JUÁREZ

LA TEORÍA DE LA CLÁUSULA EXORBITANTE
El tránsito de la cláusula derogatoria a la potestad administrativa contractual en los sistemas de contratación pública

COLECCIÓN MONOGRAFÍAS
N° 7

Centro para la Integración y el Derecho Público

Editorial Jurídica Venezolana y
Centro para la Integración y el Derecho Público
Caracas, 2017

COLECCIÓN MONOGRAFÍAS

Títulos publicados

1. *Derecho Administrativo LOPNNA y Protección de Niños, Niñas y Adolescentes*, Jorge Luis Suárez Mejías, Caracas 2015, 324 páginas.

2. *Casos de Estudio sobre la expropiación en Venezuela*, Samantha Sánchez Miralles, Caracas 2016, 120 páginas.

3. *Constitución, Integración y Mercosur*, Jorge Luis Suárez Mejías, Caracas 2016, 207 páginas.

4. *Derecho Administrativo y arbitraje internacional de inversiones*, José Ignacio Hernández, Caracas 2016, 439 páginas.

5. *El estado de excepción a partir de la Constitución de 1999*, Gabriel Sira Santana, Caracas 2017, 374 páginas.

6. *La ejecución de sentencias en el proceso administrativo iberoamericano (España, Perú, Costa Rica, Colombia y Venezuela)*, Miguel Ángel Torrealba Sánchez, Caracas 2017, 499 páginas.

7. *La teoría de la cláusula exorbitante. El tránsito de la cláusula derogatoria a la potestad administrativa contractual en los sistemas de contratación pública*, José Araujo-Juárez, Segunda Edición, Caracas 2017, 184 páginas.

© José Araujo-Juárez
    ISBN Obra Independiente: 978-980-365-438-2
    Depósito Legal DC2018001422

    CENTRO PARA LA INTEGRACIÓN Y EL DERECHO PÚBLICO (CIDEP)
    Avenida Santos Erminy, Urbanización Las Delicias,
    Edificio Park Side, Oficina 23, Caracas, Venezuela
    Teléfono: +58 212 761.7461 - Fax +58 212 761.4639
    E-mail: contacto@cidep.com.ve/
               http://cidep.com.ve
               http://cidep.online

    Editorial Jurídica Venezolana
    Sabana Grande, Av. Francisco Solano, Edif. Torre Oasis, Local 4, P.B.
    Apartado Postal 17.598, Caracas 1015-A, Venezuela
    Teléfonos: 762.2553/762.3842 - Fax: 763.5239
    E-mail: fejv@cantv.net
    http://www.editorialjuridicavenezolana.com.ve

    Impreso por: Lightning Source, an INGRAM Content company
    para Editorial Jurídica Venezolana International Inc.
    Panamá, República de Panamá.
    Email: ejvinternational@gmail.com

    Diagramación, composición y montaje
    por: Mirna Pinto de Naranjo, en letra Book Antigua 10,
    Interlineado 11, mancha 10x16,5

José Araujo-Juárez es Profesor de Postgrado de Derecho Administrativo de la Universidad Católica Andrés Bello y miembro del Instituto Internacional de Derecho Administrativo, del Foro Iberoamericano de Derecho Administrativo, de la Asociación de Derecho Administrativo Iberoamericano y de la Asociación Española e Iberoamericana de Profesores e Investigadores de Derecho Administrativo, y miembro honorario de la Asociación Mexicana y de la Asociación Dominicana de Derecho Administrativo.

DEDICO:

A todos aquellos apreciados compañeros de ruta del Derecho Administrativo, tanto venezolanos como extranjeros, con quienes he tenido el honor de cultivar el santo y venerable nombre de la amistad, a quienes rindo mi más cálido y sincero reconocimiento porque AMICITIA VERA ILLUMINAT.

INTRODUCCIÓN

§1. Advertencia — El tema de los contratos públicos en general es un elemento central para el cumplimiento de la función constitucional que tiene asignada la Administración Pública, y como tal es una de las instituciones o categorías jurídicas fundamentales del Derecho administrativo contemporáneo. Sin embargo, en este ensayo solo procederemos a analizar críticamente aquellas cuestiones que, siendo controvertidas en la doctrina, constituyen al mismo tiempo uno –y tal vez el más relevante– de los temas de los sistemas de contratación pública: la teoría de la cláusula exorbitante que, a nuestro juicio, demanda una revisión a la luz de la esencia misma del contrato, y no solo desde la vertiente y la óptica del Derecho administrativo, sino cuenta tenida del proceso de constitucionalización del Derecho administrativo y sus categorías jurídicas, del Derecho administrativo constitucional[1], que nos obliga a interpretar todo el ordenamiento jurídico "desde" la Constitución (G. Bidart Campos)[2] o "conforme a" la Constitución (E. García de Enterría)[3], según la distinta terminología empleada en la doctrina. Esto hace, cómo se podría explicar gráficamente, que en el centro de cualquier ordenamiento o sistema jurídico, y en suma, del Derecho,

---

[1] Araujo-Juárez, J., *Derecho Administrativo Constitucional*, CIDEP-EJV, Caracas, 2017.

[2] Bidart Campos, G., *Teoría General de los derechos humanos*, Astrea, Buenos Aires, 1991, pp. 386 y ss.

[3] García de Enterría, E., y Fernández, T.-R., *Curso de Derecho administrativo*, t. I, Duodécima edición, Editorial Thomson-Civitas, Madrid, 2004, pp. 126 y ss.

ya no está más ubicada la ley sino la Constitución misma que irradia su fuerza normativa imbuida de supremacía formal y material[4]. Esta es una idea inherente al proceso de constitucionalización del Derecho administrativo y que, por ende, va a aportar una nueva dimensión también a la mencionada teoría de la cláusula exorbitante.

§2. Orden metodológico — La existencia de diversas normas constitucionales en la aproximación del tema sobre varios puntos de la cuestión tratada habrá de ser tenido en cuenta en la aproximación a la teoría de la cláusula exorbitante propuesta, no solo desde la vertiente y la óptica del Derecho administrativo sino, insistimos, más concretamente del Derecho administrativo constitucional. Desde esta perspectiva ha de partirse de la presencia de la Administración Pública como Poder Público, de su funcionalidad servidora de los intereses generales y de los modos e instrumentos jurídicos utilizados para que ese servicio sea real y efectivo[5]. De ahí que la actividad de la contratación pública debe responder también a la configuración constitucional de la Administración Pública.

En efecto, sus múltiples y complejos fines de interés general encomendados constitucionalmente a la Administración Pública la obligan a la celebración de numerosos contratos, solicitando la colaboración voluntaria de los particulares y aun de otros entes públicos, para hacer más eficiente su acción en la función administrativa. Esta clase de relaciones jurídicas, nacidas de un intercambio de voluntades entre el Estado y sus contratistas, son las técnicas preferentemente utilizadas por la Administración Pública con el objeto de obtener de los particulares, la colaboración indispensable para el cumplimiento de los fines que constitucionalmente le han sido encomendados.

Por otro lado, es indiscutible que el escenario de los sistemas de contratación pública en general ha cambiado en las

---

[4]   ARAUJO-JUÁREZ, J., *Ob. cit.*, nota 1, pp. 62 y ss.
[5]   *Ibídem*, pp. 159 y 160.

últimas décadas, y éste cambio motiva una nueva reflexión. En efecto, las causas de la trascendencia que ha cobrado la contratación pública van desde el crecimiento continuo de las necesidades colectivas, la aparición de nuevos cometidos administrativos en los diferentes campos (ambiental, económico, social, cultural, etc.), el desarrollo de las nuevas tecnologías, la idea nueva de colaboración más activa del ciudadano en las tareas de la Administración Pública o, en fin, la inadaptación del Derecho privado para tomar en cuenta los objetivos específicos del interés general y regular el conjunto de derechos y deberes que viene a compensar el ejercicio del Poder Público, entre otras y, por supuesto, éstos cambios motivan una nueva reflexión.

De ahí que la Administración Pública en su actividad no se sustrae a la práctica de la contratación, fenómeno que crece exuberantemente no solo en intensidad, sino también en radio de acción, materias y ámbitos. El contrato es, en suma, una de las formas jurídicas de la función administrativa, y también una de las técnicas de colaboración voluntaria de los particulares con la Administración Pública, en materia de obras, bienes y servicios.

Ahora bien, en un cierto número de casos los contratos que celebra la Administración Pública no se distinguen de las condiciones en que los particulares suscriben entre ellos y, por ende, estarán sometidos en cuanto a sus efectos y extinción al régimen jurídico de Derecho común. Pero en otro gran número de casos, la Administración Pública concluye contratos que se distinguen de los anteriores en el reconocimiento –explícito o implícito– a favor de la Administración Pública de un régimen jurídico–público, y a los que se denominan contratos administrativos. Incluso para quienes sostienen que la sustantividad del contrato administrativo es un "falso problema", no dejan de reconocer que tienen una serie de connotaciones propias que los diferencian de los contratos privados, aunque no de igual intensidad en todos ellos (J.L. Villar Palasí)[6].

En otras palabras, al igual que en su día la teoría francesa del servicio público determinaba el debate sobre la figura del contrato administrativo, no hay duda que hoy existen nuevos elementos de debate que exigirían una respuesta igualmente adecuada a la hora de valorar la teoría de la cláusula exorbitante.

Por tanto, la perspectiva desde la que se afrontará el desarrollo del tema exhibe, entonces, una doble limitación. Por un lado, significa que se ha renunciado a una exposición completa y exhaustiva de todos los aspectos, facetas y cuestiones que integran el contenido del instituto jurídico del cual forma parte: el contrato administrativo –en la tradición franco-belga-española-latinoamericana– tema este tratado en otro trabajo nuestro y al que remitimos deferentemente al lector[7]. Este trabajo implica, pues, una selección. Y la segunda limitación estriba en la circunstancia de haber tomado en consideración preferentemente las disensiones jurisprudenciales y doctrinarias nacionales acerca de los tópicos, objeto de este estudio. Queda, pues, excluido, el análisis crítico del Derecho comparado sobre la materia, sin perjuicio, por supuesto, de la inevitable remisión a fuentes doctrinarias extranjeras que constituyen el abono necesario para la afirmación o no de la doctrina nacional.

Consciente de esta doble limitación y del riesgo que ello entraña me pareció, sin embargo, de mayor valor llevar a cabo un estudio del tema que, a expensas de su integridad, ganara en profundidad crítica.

---

6   Villar Palasí, J.L., y Villar Escurra, J.L., *Principios de Derecho Administrativo*, t. III, Universidad de Madrid, Madrid, 1983, pp. 18 y 19.

7   Araujo-Juárez, J., "El Contrato Administrativo en Venezuela", en *Tratado General de los Contratos Públicos*, t. II, Dir. Juan Carlos Cassagne, Ed. La Ley, Buenos Aires, 2013, pp. 382 y ss.

§3. Contratación pública – El Art. 141 de la C le asigna a la Administración Pública la misión constitucional de servir, con sometimiento pleno a la ley y al Derecho y con eficacia, a los ciudadanos. Para el cumplimiento de su función constitucional asignada, aquella no siempre procede por vía unilateral mediante actos o reglamentos administrativos, sino que con frecuencia requiere celebrar relaciones contractuales, actividad a la que se califica como actividad contractual de la Administración, y que crece exuberantemente no solo en intensidad, sino también en radio de acción, materias y ámbitos.

En efecto, la Administración Pública en cumplimiento de la función administrativa constitucionalmente asignada, no siempre procede por vía unilateral, insistimos, sino que con frecuencia requiere de acuerdos en sus diversas formas, celebrando convenios de muy distinta naturaleza dentro del ámbito específico de las relaciones patrimoniales. Cierto es que para satisfacer en forma directa e inmediata la exigencia del interés general, la Administración Pública acudirá también al contrato cuando éste instrumento sea idóneo para ello.

Este conjunto de relaciones contractuales, prescindiendo por de pronto de rotulaciones, se agrupan en Latinoamérica también bajo la denominación inespecífica propuesta en los años 60 por E. SAYAGUÉS LASO[8] de "contratos de la administración" –o si se prefiere la calificación genérica de contrato público, del Estado o estatal, o de la Administración, según lo ha

---

[8]   SAYAGUÉS LASO, E., *Tratado de Derecho Administrativo*, t. I, 4ª edición, puesta al día por Daniel Hugo Martins, Montevideo, 1974, p. 537. El mismo autor recuerda que la denominación y el sentido de la misma no es nueva, porque ya V. SANTAMARÍA DE PAREDES la había utilizado en su *Curso de Derecho Administrativo*, 6ª edición, Madrid, 1903. En esa línea se puede incluir a GARCÍA DE ENTERRÍA, E., y FERNÁNDEZ, T.-R., *Ob. cit.*, nota 3, t. I, p. 679; y que, en los países europeos, por influencia del Derecho comunitario europeo, hoy se denominan bajo el concepto genérico de "contratos públicos".

hecho un importante sector de la doctrina venezolana[9]-, al poner el acento en la circunstancia de que en todos los contratos que celebra la Administración Pública existen componentes tanto de Derecho público como de Derecho privado, y que al efecto de nuestra exposición concierne a los diversos sistemas de contratación pública.

§4. Sistemas de contratación pública — El contrato público es un concepto que ha dado lugar a continuas polémicas doctrinarias y a una jurisprudencia masiva, a veces confusa y contradictoria, por lo que sin duda algo enigmático y contradictorio encierra una institución jurídica que ha necesitado de tantas explicaciones (G. ARIÑO ORTIZ)[10].

En efecto, sostiene J.C. CASSAGNE[11], el campo de la contratación pública es fértil en la producción de un conjunto inagotable de dilemas o problemas que van desde la negación de la existencia misma de la figura del contrato en general en la esfera pública, pasando por los que lo reconocen como la especie más significativa, hasta aquellos que reconocen su existencia, y

---

[9]   BREWER-CARÍAS, A.R., "Los contratos del Estado y la Ley de Contrataciones Públicas. Ámbito de aplicación", en *Ley de Contrataciones Públicas*, Col. Textos Legislativos N° 44, 4ª edición actualizada y aumentada, EJV, Caracas, 2014, p. 11; y "La contratación pública en Venezuela", en *Tratado General de los Contratos Públicos*, Dir. Juan Carlos Cassagne, t. II, Ed. La Ley, Buenos Aires, 2013, pp. 8 y 9; HERNÁNDEZ-MENDIBLE, V., "La evolución de la contratación pública y las potestades de la Administración", en *Ley de Contrataciones Públicas*, Col. Textos Legislativos N° 44, 4ª edición actualizada y aumentada, EJV, Caracas, 2014, pp. 205 y ss.; y CANÓNICO SARABIA, A., "Las garantías en la contratación pública", en *Ley de Contrataciones Públicas*, Col. Textos Legislativos N° 44, 4ª edición actualizada y aumentada, EJV, Caracas, 2014, pp. 281 y ss.

[10]   ARIÑO ORTIZ, G., "El enigma del contrato administrativo", en *Tratado General de los Contratos Públicos*, t. I, Dir. Juan Carlos Cassagne, Ed. La Ley, Buenos Aires, 2013, p. 59.

[11]   CASSAGNE, J.C., "La contratación pública", en *Tratado General de los Contratos Públicos*, t. I, Dir. Juan Carlos Cassagne, Ed. La Ley, Buenos Aires, 2013, p. 3.

que a nuestra manera de ver las cosas se agruparían en los Derechos positivos que integrarían, a su vez, como una suerte de *summa divisio*, los dos modelos o sistemas de contratación pública o estatal por antonomasia, así:

a. Los Derechos positivos que desconocen la categoría del contrato administrativo, y que agruparían el "sistema civilista o privatista de contratación pública" o también denominado "modelo privado de contratación administrativa" –en el Derecho continental europeo (Alemania, Italia) y en el mundo anglosajón (Estado Unidos, Inglaterra)–.

b. Y los Derechos positivos donde se reconoce la categoría del contrato administrativo (como género de los contratos que celebra la Administración Pública –Argentina, Colombia, España, Francia, Uruguay– o en todo caso como la especie más significativa de estos –Venezuela–), y que integran, a su vez, el "sistema administrativista de contratación pública" o también denominado "modelo público de contratación administrativa".

Ahora bien, el porqué de la distinción de figuras contractuales diversas dentro de los mencionados sistemas de la contratación pública del Derecho comparado, lo cual remite a considerar a algunos como distintos y singulares respecto de los demás es, justamente, uno de los más importantes problemas tratados por la doctrina, lo cual nos conduce a ofrecer aquí algunas claves de comprensión y poder luego examinar el estado del arte de la denominada teoría de la "cláusula exorbitante", ya no solo dentro de la figura del contrato administrativo sino, de manera más general, dentro de los dos grandes sistemas de contratación pública mencionados.

No dudamos que la teoría de la cláusula exorbitante es ciertamente un problema difícil, que arrastra un importante lastre tanto histórico como dogmático, y donde van a estar implicadas las cuestiones básicas del Derecho administrativo entero, es decir, la presencia de la Administración Pública como sujeto y la modulación en su ámbito de las categorías del Derecho común (GARCÍA DE ENTERRÍA)[12], de ahí que la necesidad de su mejor conocimiento se justifica por sí sola y que resume la finalidad completa de este ensayo.

§5. Constitución de 1999 — Como cuestión previa se observa que, en materia de la actividad contractual del Estado, en la Constitución de 1999, como en tantas otras materias, puede decirse que se consolidó un importante proceso de constitucionalización del Derecho administrativo de la contratación pública o estatal. En efecto, el texto constitucional regula los contratos celebrados por las personas jurídicas estatales, denominándolos como "contratos de interés público", expresión equivalente en general a la de contratos públicos, del Estado o estatales.

En tal sentido, A.R. BREWER-CARÍAS[13] sostiene que todos los contratos tanto de interés nacional, como de interés estadal o municipal, son, por supuesto, contratos de "interés público" (Arts. 150 y 151 de la C), en el mismo sentido que la noción de Poder Público (Título IV de la Constitución) comprende al Poder nacional, al Poder estadal y al Poder municipal.

En consecuencia, un contrato de interés público nacional es aquél que interesa al ámbito nacional (en contraposición al ámbito de los Estados federales o de los Municipios), porque ha sido celebrado por una persona jurídica estatal nacional, de derecho público, la República, un instituto o establecimiento público o una persona jurídica de derecho privado (empresa del Estado)[14]. Por tanto, no serían contratos de interés público nacional aquéllos que son solo de interés público estadal o de interés público municipal, celebrados por personas jurídicas de los Estados o de los Municipios, incluyendo los institutos públicos y empresas del Estado de esas entidades político–territoriales.

---

12   GARCÍA DE ENTERRÍA, E., y FERNÁNDEZ, T.-R., *Ob. cit.*, nota 3, t. I, p. 695.

13   BREWER-CARÍAS, A.R., "La contratación pública en Venezuela", en *Tratado General de los Contratos Públicos*, t. II, Dir. Juan Carlos Cassagne, Ed. La Ley, Buenos Aires, 2013, pp. 8 y ss.

14   BREWER-CARÍAS, A.R., *Ob. cit.*, nota 13, p. 10.

§6. Ley de Contrataciones Públicas — Por su parte, en el año 2008 se sancionó la LCP[15], la cual ha sido reformada sucesivamente en 2009, 2010 y 2014. La misma, sin embargo, y a pesar de su denominación no regula universalmente la "contratación pública", es decir, toda la actividad contractual del Estado (los contratos públicos o los contratos estatales como categoría jurídica de mayor amplitud conceptual) a cargo de las personas jurídicas estatales.

La LCP, en efecto, no se configuró como cuerpo normativo general, destinado a regular todos los contratos del Estado celebrados por todas las personas jurídicas estatales, sino que se ha limitado su alcance, y está destinada, básicamente, a regular el procedimiento administrativo de selección de contratistas (o la licitación) y sólo respecto de ciertos (no todos) los contratos públicos o del Estado, por lo que en su parte medular sigue siendo un cuerpo normativo destinado a regular el régimen de selección de contratistas (Arts. 36 a 92 de la LCP) en ciertos contratos públicos: la adquisición de bienes, la prestación de servicios –comerciales– y la ejecución de obras (Art. 1 de la LCP). Con estas exclusiones y el ámbito subjetivo reducido, se trata en todo caso de una ley reguladora básicamente del proceso de selección de contratistas, con normas generales respecto de ciertas materias[16].

---

[15]   Véase Ley de Contrataciones Públicas, Decreto Ley N° 5.929 de 11 de marzo de 2008, publicado en la Gaceta Oficial N° 38.895 de 25 de marzo de 2008, y republicada por error de copia en Gaceta Oficial N° 5.877 de 14 de marzo de 2008. Luego reformada por Ley publicada en la Gaceta Oficial N° 39.165 de fecha 24 de abril de 2009, por Ley publicada en Gaceta Oficial N° 39.503 de fecha 6 de septiembre de 2010 y finalmente por Ley publicada en Gaceta Oficial N° 6.154 del 19 de septiembre de 2014.

[16]   Véanse entre otros aspectos los siguientes dentro de la LCP: los poderes de la Administración Pública para controlar los contratos (Art. 95), en especial, respecto de los contratos de obra (Arts. 112 a 115); los poderes de modificación de los contratos y el régimen de variación de precios y ajustes contractuales (Arts. 106 a 111); el régimen de la nulidad de los mismos (Art. 99), las garantías de

Así las cosas, salvo los aspectos mencionados, no existe todavía en nuestro país una normatividad *ad-hoc* que defina los principales ámbitos, ni que reagrupe los grandes principios y garantías que le son aplicables a la generalidad de los contratos públicos, del Estado o estatales. Es por ello que el marco jurídico tradicional ha sido y continúa siendo, fundamentalmente, jurisprudencial y doctrinal, y así estas fuentes ocupan un lugar central en la construcción del tema propuesto. Sin embargo, las fuentes son múltiples: al proceso de constitucionalización creciente del Derecho administrativo se añaden, además, las exigencias de los tratados internacionales como acontece en Europa con los procesos de integración.

§7. Plan — Ahora bien, la admisión de la categoría general del contrato público o del Estado, es deudora, como otras del Derecho administrativo, de las construcciones doctrinales y jurisprudenciales que, sin duda alguna, siguen siendo muy relevantes en esta materia. Y también es cierto que la puesta en juego de la cláusula exorbitante es de gran calado tanto para los contratistas cuyos derechos deben ser garantizados sin falla, como para las propias autoridades administrativas encargadas de dar satisfacción al interés general, y que deberían gozar de una seguridad jurídica suficiente para operar correctamente su misión.

Por otro lado, es sabido que la contratación pública se encuentra en constante mutación. Los modos de intervención no cesan de evolucionar. Pero mientras que por un lado se puede constatar que, cada vez más la Administración Pública de los sistemas jurídicos contemporáneos se ve reconocer más frecuentemente la posibilidad de ejercer en el ámbito contractual prerrogativas de poder público (*prérrogatives de puissance publique*), por otro es también muy cierto que los derechos fundamentales de las personas ocupan un lugar central en la medida

---

cumplimiento (Arts. 99 a 102), y el régimen de los anticipos (Arts. 103 a 105); el régimen de los pagos (Arts. 116 a 119), el régimen de la terminación de los contratos (Arts. 120 a 127), y las causas de rescisión unilateral de los contratos (Arts. 127 a 129); y por último, el régimen sancionatorio (Arts. 130 y 131).

que constituyen el núcleo duro de los intereses públicos que el Estado y, en particular, la Administración Pública, deben servir respetándolos y teniéndolos como guía de su actuación (J.L. MEILÁN GIL)[17].

En mérito a lo antes expuesto, la existencia todavía hoy en el Derecho comparado de la caracterizada como "huidiza" noción o teoría de la cláusula exorbitante, suscita numerosas cuestiones que deben situarse como punto de partida de todo estudio sobre el régimen de cualquier sistema de contratación pública. Y en razón de ello se interroga la doctrina sobre ¿cuál fue su origen? ¿Cuál es su fundamento? ¿Quién las puede emplear? ¿Bajo qué condiciones? y finalmente, ¿cuáles serán las vías de control o garantías que se pueden invocar contra ellas?

Tal es el propósito de este ensayo: buscar agrupar, sin la pretensión de la exhaustividad ni de la expertícia sabia, a grandes rasgos, los principios y garantías de la cláusula exorbitante en los diversos sistemas de contratación pública. Así las cosas, para un mejor entendimiento dividiremos nuestra exposición, así: después de una breve introducción sobre los antecedentes históricos (i), el fundamento jurídico-público (ii), las principales posiciones doctrinales y la reconstrucción de la teoría (iii), el análisis de la clasificación de las potestades administrativas contractuales (iv) y, por último, solo quedará analizar las diversas garantías reconocidas (vi).

---

[17]   MEILÁN GIL, J.L., *Categorías Jurídicas en el Derecho Administrativo*, 1ª edición, IUSTEL, Madrid, 2011, p. 186.

CAPÍTULO I

LOS ANTECEDENTES HISTÓRICOS

§8. Cuestión previa — A partir de la sentencia precursora PUERTO LA GUAIRA[18], cuyos lineamientos fueron precisados mucho tiempo después en otra extraordinaria sentencia de principios ACCIÓN COMERCIAL S. A.[19], –sin duda la más relevante que se ha dictado en la materia–, se construyó en nuestro país la arquitectura de lo que se ha denominado la *summa divisio* francesa, entre los contratos privados de la Administración –con características similares a las que se encuentran presentes en la contratación ordinaria entre particulares– y los contratos administrativos propiamente dichos.

Desde entonces, la división cobró cuerpo en la jurisprudencia de forma pacífica y reiterada, al sostenerse que las Administraciones Públicas "acuden no sólo a la vía del contrato administrativo, con sus reglas propias y características como se ha dejado dicho, sino también a la de la contratación ordinaria (contratos de "administración" por oposición a los anteriores, se los ha llamado) o de derecho común regida por reglas jurídico-privadas" (caso *Acción Comercial S.A.*).

Ahora bien, es una clasificación jurisprudencial sobre la que ha recaído un abundante debate por parte de la doctrina nacional, y que se hubo renovado a raíz de la promulgación de la mencionada LCP, surgiendo las dos grandes tendencias con argumentos muy respetables: (i) la doctrina defensora; y (ii) la doctrina negadora. Sin embargo, no es el tema ni el momento de detenernos sobre tal polémica[20].

---

18   Véase Sent. de la CFC, de fecha 5 de diciembre de 1944.
19   Véase Sent. de la CSJ/SPA, de fecha 14 de junio de 1983.
20   Véase *in extenso* ARAUJO-JUÁREZ, J., *Ob. cit.*, nota 7, pp. 385 y ss.

Por de pronto me basta con señalar junto con J.L. VILLAR PALASÍ[21], uno de los pioneros de este tipo de investigación, que es un hecho comprobado que las técnicas jurídicas alumbradas en un determinado momento histórico tienden a pervivir en el futuro, por lo que seguir la pista de los conceptos, las categorías y las instituciones del Derecho administrativo desde sus orígenes constituye, más que un ejercicio de erudición, un requisito esencial para su comprensión actual y su proyección en el devenir. Pero como también advierte VILLAR PALASÍ[22], hay que diferenciar entre técnicas administrativas de un lado, y Derecho administrativo de otro. Lo que existió antes de la Revolución Francesa son antecedentes históricos de diverso orden, los cuales prefiguran una buena parte del actual Derecho administrativo moderno.

Así las cosas, la perspectiva histórica obliga, pues, a sumergirse en el contexto en que cada institución nace y se desarrolla, y en el caso que nos es de consideración presente, la teoría de la cláusula exorbitante en los sistemas de contratación pública o estatal. Tales hechos conllevan la posibilidad u oportunidad de una nueva lectura de las fuentes históricas, ya que parecen desconsiderarse ciertos elementos relevantes, y en el caso que nos es de consideración presente, el Antiguo Régimen (*Ancien Régime*).

§9. Origen — El titular del poder a lo largo de la historia ha utilizado las técnicas contractuales de un modo directo o por el intermedio de una ficción jurídica (*fiskus*), para atender necesidades que se identificaban en el Antiguo Régimen con el interés de la Corona (MEILÁN GIL)[23], pero también del bien común, de los vecinos o, en suma, del interés general en el Estado constitucional de Derecho en la era contemporánea.

---

[21] VILLAR PALASI, J.L., *Técnicas remotas del derecho administrativo*, INAP, Madrid, 2001, p. 11.

[22] *Ibídem,* p. 23.

[23] MEILÁN GIL, J.L., *Ob. cit.*, nota 17, p. 142.

Y ello es así desde la perspectiva histórica, sostiene J. RODRÍ-GUEZ-ARANA[24], por cuanto siempre ha existido la necesidad de atender los asuntos que trascienden la dimensión personal por ser comunes al conjunto del pueblo, esto es, intereses generales, es por lo que se tiene noticia que desde las primeras civilizaciones se encuentran organizaciones públicas que bajo las más diversas formas han estado encargadas precisamente de atender los asuntos comunes. Y de la misma manera se encuentran, desde el principio, el reconocimiento y ejercicio correlativo de una serie de poderes y potestades que exceden el marco común, necesarios para administrar a esos intereses generales con eficacia. Tema este que plantea, por razones obvias, el mismo origen histórico del propio Derecho administrativo general y de sus categorías jurídicas.

§10. Especificidad — El largo camino hasta el reconocimiento del Derecho administrativo como un ordenamiento propio, sostiene MEILÁN GIL[25], ha pasado por largas fases de su consideración como *ius singulare* o *ius propium* en el Derecho regio, formulado en sus inicios como un Derecho excepcional, un conjunto de reglas exorbitantes del *ius commune*, incluidos los *statuti* de los municipios y de los gremios.

Ahora bien, sin entrar en la polémica de las orientaciones doctrinales sobre el origen mismo del Derecho administrativo, lo cierto es que no faltan testimonios de antecedentes de técnicas jurídicas remotas (J.L.VILLAR PALASÍ)[26], esto es, alumbradas en un determinado momento histórico y que tienden a pervivir en el futuro. De ahí que nos parece por de pronto útil señalar que ciertamente durante la etapa que algunos denominan de constitución del poder público (J. SANTAMARÍA PASTOR)[27], hay

---

24   RODRÍGUEZ-ARANA, J., *Aproximación al Derecho Administrativo Constitucional*, EJV, Caracas, 2007, pp. 15 y 16.

25   MEILÁN GIL, J.L., *Ob. cit.*, nota 17, p. 19.

26   VILLAR PALASÍ, J.L., *Ob. cit.*, nota 21, p. 11.

27   SANTAMARÍA PASTOR, J. A., *Principios de Derecho Administrativo General*, t. II, Primera edición, IUSTEL, Madrid, 2004.

que señalar que el propio poder público se somete a las mismas reglas jurídicas que los particulares (*ius commune*). El rey, titular del poder público, además de disponer, por influencia del Derecho romano, de un poder genérico de dictar normas, disponía, en el marco de su patrimonio, de un conjunto de especialidades acuñadas precisamente en Roma con respecto a los denominados bienes públicos, que luego van a ser señales distintivas de un concreto régimen de exorbitancia que habría de caracterizar más tarde la posición jurídica de la Administración Pública, sus bienes y sus derechos. Régimen del que poco a poco el monarca se irá desprendiendo a modo de concesiones graciosas, de la titularidad y gestión de determinados bienes y servicios.

§11. Privilegios — J.L. MESTRE[28] sostiene que en el Antiguo Régimen, la toma de conciencia de la especificidad de las normas y reglas jurídico-públicas con respecto al *ius commune*, vino acompañada de la puesta en valor de la dualidad del objeto de dichas reglas. Por un lado, las reglas públicas que constituyen privilegios en beneficio de las administraciones medioevales existentes. Del otro, las reglas públicas que buscan temperar el uso de esos privilegios en nombre de la equidad y de la justicia que un monarca o señor feudal debía asegurar a sus súbditos. Pero también es cierto, ello no se logra sino de manera incompleta. La extensión de los privilegios se logra compensar solo de manera parcial por la desigual protección de los derechos privados. Protección que tiende a mejorar al final del Antiguo Régimen, después que las prerrogativas del poder público fueron creciendo exponencialmente, sobre todo bajo el reinado de Luis XIV.

En efecto, los privilegios de que disponían bajo el Antiguo Régimen las administraciones son de dos órdenes. Los primeros consistían en poderes (*prérrogatives exorbitants*), que dan a dichas administraciones los medios para imponer su voluntad.

---

28 MESTRE J.L., *Introduction historique au droit administratif francais*, PUF, Paris, 1985, pp. 153 y ss.

Los segundos, se presentan bajo la forma de garantías excepcionales, que les van a asegurar en diversas circunstancias una protección superior a aquella que se ofrecen en las relaciones del *ius commune*.

En efecto, la doctrina que se ha ocupado de la historia del Derecho administrativo nos muestra cómo los mencionados privilegios permitían a las administraciones ejercer su ascendencia, tanto sobre las actividades como de los bienes de los súbditos, y también de imponer una verdadera sujeción a sus contratistas. Tal es el caso relacionado con aquellos a quienes se les confiaba por contrato la ejecución de una obra pública o la gestión de un servicio, y frente a quienes las administraciones disponían de poderes o prerrogativas exorbitantes, que derivan de la preeminencia que ostentaban, durante la Edad Media, los titulares del poder público. Las administraciones medioevales estarán, pues, en la posición de someter a sus contratistas a su voluntad.

§12. Bien común — MESTRE[29] sostiene que, por otro lado, tampoco es extraño al medio jurídico medieval la noción de beneficio o bien común (*profit commun*), y que impregna el funcionamiento de la administración real puesto que el rey tiene, precisamente, por misión asegurar el bien común del reino. En efecto, en Francia a partir del siglo XIII, la expresión *commun profit* es de uso frecuente. Sinónimo de otras expresiones tales como bien común, bien de la cosa pública, bien de la cosa y utilidad pública o bien público, traduce la noción romana de la *utilitas publica*. En efecto, durante la Edad Media la teoría de la *utilitas publica* elaborada por los romanistas y canonistas expone que el provecho o la utilidad común tienen preeminencia sobre la *utilitas privada*. Hay si se quiere una concepción en los juristas de la época que otorga preferencia a los intereses colectivos o comunes sobre lo que pudieran ser los intereses individuales. Esta concepción de la *utilitas publica* va a justificar un poder de coacción con relación a los particulares, lo cual permitirá que en

---

29   MESTRE, J.L., *Ob. cit.*, nota 28, pp. 98 y ss.

su momento se establezcan limitaciones y restricciones a la actuación de los particulares sobre la base de esa concepción doctrinal imperante para la época (MESTRE)[30].

Ahora bien, si el cumplimiento del bien común justificaba la atribución al monarca de prerrogativas exorbitantes, a su vez, el ejercicio de los mismos quedaba subordinado a esa satisfacción. De ahí que también estaban limitados por su finalidad, que es al mismo tiempo su fundamento. El principio de esta supremacía se desprende fácilmente de ciertos textos romanos del Bajo-Imperio, particularmente de la constitución de DIOCLECIANO donde se afirmaba que era necesario preferir la *utilitas publica* a las disposiciones de los contratos concluidos entre particulares (*Utilitas publica privatae praeferri debet*).

Por tanto, de manera general la satisfacción del bien común aparece –en principio– como la finalidad de la acción del conjunto de las administraciones medioevales, así como fundamento y límite de las prerrogativas exorbitantes de que disponen. El concepto de bien común –o en un lenguaje contemporáneo de interés general–, va a jugar también un papel esencial en la subordinación del ejercicio de los poderes de orden administrativo a reglas de Derecho (MESTRE)[31].

Así las cosas, la invocación al bien común va a suministrar un fundamento particularmente sólido a las administraciones medioevales, puesto que las exigencias del bien común debían prevalecer sobre los intereses privados. Ese es el caso de las administraciones señoriales y de las administraciones municipales. En este último supuesto, también será tomada en cuenta para fundamentar los poderes o prerrogativas de las autoridades municipales, las que, a su vez, le han sido concedidas por los señores feudales. Así, pues, los contratos municipales son presentados como concluidos *pro comuni utilitate reipublice civitatis*, por lo que, de manera general, toda suerte de medidas

---

[30]   MESTRE, J.L., *Ob. cit.*, nota 28, p. 98.
[31]   *Ibídem*, p. 103.

adoptadas por las autoridades municipales serán justificadas expresamente por las exigencias de la utilidad pública o del bien común.

Por tanto, de manera general la satisfacción del bien común aparece –en principio– como la finalidad de la acción del conjunto de las administraciones medioevales, así como fundamento y límite de los poderes o prerrogativas de los cuales disponen. El concepto de bien común –o en un lenguaje contemporáneo de interés general o interés público–, va a jugar también un papel esencial en la subordinación del ejercicio de los poderes de orden administrativo a reglas de Derecho.

De ahí que en lo esencial se mantiene –en el marco de la historia del Derecho administrativo– el resabio de reglas del mundo jurídico medieval que afirman la superioridad del titular del poder frente a quienes se les conceda una parte de las *prérrogatives exorbitans* que detentan y que, a su vez, fueron tempranamente adoptadas también por las administraciones municipales que acudieron al mecanismo de la concesión a semejanza de los señores feudales. Todas esas virtualidades contenidas en reglas públicas especiales como las mencionadas se irán consolidando en el curso del Antiguo Régimen.

§13. Privilegios contractuales — Es así como el régimen jurídico de las concesiones señoriales poco a poco fue dando nacimiento al régimen jurídico de los contratos administrativos a través de la evolución, según lo han demostrado estudios específicos.

Particularmente, MESTRE[32] sostiene que para administrar sus posesiones, el rey y los señores feudales debían necesariamente acudir a intermediarios que los representaban frente a sus súbditos. Algunos de ellos eran designados con su sola voluntad y ejercían las tareas que unilateralmente le eran confiadas. En otros casos, se presentaban como concesionarios, puesto que sus atribuciones tenían origen en un convenio recíproco. Esto es, aquellos recurrían a diversas formas de com-

---

[32] MESTRE, J.L., *Ob. cit.*, nota 28, pp. 45 y 46.

promisos contractuales deteniendo, en principio, las *prérrogatives de puissance publique* que ejercían sobre sus dominios y sobre los sujetos de la concesión de un *fief en terre*.

Y es en los mencionados compromisos contractuales donde también está, precisamente, el origen de las concesiones que presentan rasgos remarcables, que luego irán a persistir y subyacer en el particularismo del Derecho de los contratos administrativos, así: por un lado, buscan asegurar la situación preeminente del señor concedente frente a su concesionario; y por otro lado, van a irradiar sus efectos sobre los terceros que son los súbditos –o los administrados en el lenguaje contemporáneo– pues al beneficiario de la concesión se le investía de las *prérrogatives de puissance publique*, muchas veces indicándose en el acto de concesión con lujo de detalles.

Por tanto, frente al concesionario, el señor concedente mantiene una situación de preeminencia, puesto que es también el juez de los conflictos que pudieran surgir del traspaso de los derechos reales o señoriales. Además, manifiestan su superioridad en otras condiciones: por ejemplo, puede ejercer una verdadera vigilancia, dar órdenes, incluso, en ciertos casos podrá rescindir la concesión sin tener que justificar una falta. Finalmente, son objeto de un control, no siendo raro que fueran constreñidos a recurrir a la fuerza pública para imponer sanciones que habían sido pronunciadas contra los concesionarios.

Así las cosas, sostiene MESTRE[33], por virtud de sus *prérrogatives de puissance publique*, las administraciones medioevales se encuentran en la posición de someter a sus contratantes a sus voluntades. No solo podrán velar de manera permanente por la buena ejecución de los compromisos contraídos, sino que ejercen un verdadero poder de dirección, dando instrucciones y órdenes a los emprendedores de obras públicas o gestores de los servicios y, si fuere el caso, las órdenes encerraban verdaderas modificaciones juzgadas necesarias por la administración, o incluso podían llegar a rescindir el contrato de su propia voluntad.

---

[33]   MESTRE, J.L., *Ob. cit.*, nota 28, pp. 46 y ss.

Ahora bien, muchas veces se reservaban tales *prérrogatives de puissance publique* expresamente dentro de las estipulaciones contractuales. Es más, incluso si se habían olvidado de insertar estipulaciones reconociéndolas expresamente tales facultades, en caso de necesidad o de utilidad, eran también libres de tomar una decisión unilateral. Por otro lado, la rescisión constituye igualmente una de las sanciones susceptibles de serles impuestas al contratista que no ejecutaba rigurosamente sus obligaciones, junto con intereses, multas, la sustitución y la readjudicación del contrato, las cuales son pronunciadas por las administraciones, ya sea que se reserven tales facultades expresamente dentro del contrato, o ya que las empleen cuando así lo estimen útil a la buena ejecución del mismo.

En todos los casos reseñados, el contratista se encuentra en una situación exorbitante del *ius commune*, que les coloca enteramente al servicio del poder público, sin perjuicio que el deseo de responder a las exigencias de la utilidad pública haya conducido también a las administraciones medioevales a reservarse otras facultades susceptibles de servirles adicionalmente como otras tantas garantías que le harían beneficiarse de una protección particular de sus intereses frente a eventuales atentados de origen y naturaleza muy diversa, como las de orden jurisdiccional.

En mérito a lo antes expuesto, se puede afirmar que frente a los súbditos a quienes se les confiaba por contrato la ejecución de una obra pública o la gestión de un servicio, las administraciones medievales disponían de *prérrogatives exorbitans*. Potestades que derivan de la preeminencia que habían detentado, durante la Edad Media, los diversos titulares del poder público frente a sus concesionarios, los cuales, también es cierto, fueron denunciados como factor de arbitrariedades y de injusticias, y cuyo cuestionamiento va a desembocar, a partir de la Revolución Francesa, en profundas reformas.

§14. **Principio general de formalismo contractual** – El proceso de formalización de los contratos de la Administración Pública, señala F. MODERNE[34], es un rasgo común en todos los sistemas jurídicos de contratación pública europeos. Y ese proceso formalizador se hizo a partir de los antiguos pliegos de cláusulas y condiciones generales del siglo XIX (principio general de formalismo contractual) o denominado también de legalización de la fase de adjudicación (S. GONZÁLEZ-VARAS IBAÑEZ)[35]. Las justificaciones habituales de la formalización contractual se fundamentan, principalmente, en preocupaciones de orden financiero y de control del gasto público, y de manera más contemporánea, en las exigencias nacionales o comunitarias de una competencia abierta y leal.

En efecto, en sus comienzos para la institución de la teoría del contrato administrativo, se tomaron como punto de partida las bases que existían en la esfera del Derecho civil[36], sin advertirse diferencias entre ambas categorías jurídicas. Sin embargo, esa postura empezó a dejarse atrás en el siglo XIX al admitirse la diferencia en función del esquema estructural de los actos de autoridad y de los actos de gestión (A. DE LAUBADERE, GARCÍA DE ENTERRÍA)[37].

En efecto, el contrato de la Administración durante el siglo XIX fue considerado inicialmente como típico de la gestión ordinaria (acto de gestión) y no como la manifestación genuina de un poder público –acto de autoridad–. Fue la época de la

---

34 MODERNE, F., "La contratación pública en el derecho administrativo francés contemporáneo", en *Tratado General de los Contratos Públicos*, t. II, Dir. Juan Carlos Cassagne, Ed. La Ley, Buenos Aires, 2013, p. 521.

35 GONZÁLEZ-VARAS IBAÑEZ, S., "La figura del contrato administrativo en España", en *Tratado General de los Contratos Públicos*, Dir. Juan Carlos Cassagne, Ed. La Ley, Buenos Aires, 2013, t. II, p. 579.

36 DUGUIT, L., *Traité de Droit Constitutionel*, t. III, Fontemoing, Paris, 1923, pp. 41 y ss.

37 DE LAUBADERE, A., MODERNE, F. et DELVOLVE, P., *Traité des contrats administratifs*, t. I, 2ª. ed., LGDJ, Paris, 1983, p 29; y GARCÍA DE ENTERRÍA, E., "La figura del Contrato Administrativo", en *RAP* N° 41, Madrid, p. 101.

primera sistematización del Derecho administrativo (VIVIEN, CORMENIN, DE GERANDO) y desarrollada fundamentalmente por E. LAFERRIÉRE[38], y en la que prevaleció (hasta finales del siglo XIX) la distinción entre: por un lado, los actos de autoridad que dictaba la Administración obrando como titular del poder público (sometidos al Derecho administrativo y a la competencia del juez administrativo); y por el otro, los actos de gestión donde la Administración se despojaba de su *imperium* y actuaba con el mismo título que los sujetos privados (sometidos al Derecho privado y a la competencia del juez civil), siendo que estos últimos no necesitaban el uso de *prérrogatives de puissance publique* y no merecían, por tanto, la protección de un juez especializado, por consiguiente, sometiéndose la Administración Pública en tales casos a los modos de gestión contractuales del *ius commune*.

En todo caso, en Francia la distinción de la técnica contractual en la contratación pública no va a provocar un desdoblamiento en la personalidad del Estado que siempre tendrá carácter público como sujeto de derecho, a diferencia de lo que aconteció con la teoría del *fiskus* en Alemania. Y es que algo similar ocurre con los particulares, que tienen aptitud legal para ser partes en contratos de Derecho público (concesiones administrativas) o de Derecho privado (alquiler), sin que ello implique fraccionar o desdoblar su personalidad jurídica.

Luego, ya entrado el siglo XX, se fue superando la teoría donde el contrato de la Administración era considerado como un acto de gestión ordinaria por un criterio material, al caracterizársele como aquél referido a la organización o al funcionamiento de los servicios públicos[39], y se fue admitiendo, paulati-

---

[38] LAFERRIERE, E., *Traité de la juridiction administrative et des recours contentieux*, Paris, Berger-Levrault et Cie, 1887, réédition LGDJ, Paris, 1989.

[39] JÈZE, G., *Los principios generales de derecho administrativo*, 1925-1936, trad. al español de la 4ª edición, t. III, Depalma, Buenos Aires, 1948, pp. 316 y ss.

namente, la idea de que ciertos contratos interesaban al funcionamiento de los servicios públicos ("ejecución directa e inmediata de una misión de servicio público", "ejecución misma de un servicio público" o cuando constituyen una "modalidad de ejecución de un servicio público"), mientras que otros se caracterizaban por la presencia necesaria de una o más cláusulas exorbitantes del *ius commune*. En ambos casos, tales contratos no podían ser considerados contratos de Derecho privado y, además, merecían una protección particular a través de reglas de Derecho público y, finalmente, bajo el control del juez administrativo.

Así las cosas, MODERNE[40], concluye que en los inicios de la regulación de los sistemas de contratación pública del Estado y de los demás entes públicos, así como la jurisprudencia, aciertan en subrayar el carácter público que tiene el proceso de formación de la voluntad contractual de la Administración Pública, y la condición de separables de los actos en los que se plasma dicho proceso (denominado también principio general de publificación del proceso de formación contractual).

En efecto, siguiendo la línea de las prácticas del Antiguo Régimen, el Derecho administrativo del siglo XIX vino a consagrar la singularidad del régimen de contrataciones heredado, determinándolo mediante la elaboración de los denominados "pliegos de condiciones" de cada operación contractual. Después, la redacción nueva dada a los pliegos de condiciones a finales del Siglo XIX y comienzos del XX, reprodujeron e incluso acrecentaron las sujeciones de particulares que contrataban con el Estado (F. BURDEAU)[41].

Pero también es oportuno señalarlo, que si bien el contratista se encuentra en una situación rigurosa, la desigual situación que se produce como consecuencia del ejercicio de las prerrogativas de poder público que ostenta la Administración

---

40 MODERNE, F., *Ob. cit.*, nota 34, p. 523.
41 BURDEAU, F., *Histoire du droit administratif*, PUF, Paris, 1995, p. 281.

Pública para organizar las obras y los servicios públicos se ve corregida, o más bien compensada, por las obligaciones que pesan sobre ella y en la reconstrucción de la igualdad contractual por la vía económica (justo precio y deber de compensar) en forma progresiva y favorablemente en numerosas circunstancias, a través de la teoría del principio del equilibrio económico-financiero, cuyo desarrollo lo hemos hecho en otra ocasión[42].

En mérito a lo antes expuesto se puede señalar que los sistemas de contratación pública actuales son, en cierto modo, herederos de las doctrinas mencionadas. En tal sentido se puede concluir con J.-P. BENOIT[43], cuando presentía que el lugar ampliamente reconocido a los poderes de la Administración Pública en el actual derecho de los contratos administrativos, debía derivar de la autoridad señorial. La dificultad mayor vendrá de la fundamentación e identificación en un contrato determinado de tal tipo de cláusulas exorbitantes, aspecto que abordaremos a continuación.

---

[42] Véase *in extenso* ARAUJO-JUÁREZ, J., "El Principio del Equilibrio Económico", en *Ley de Contrataciones Públicas*, Colección Textos Legislativos, 4ª edición actualizada y aumentada, EJV, Caracas, 2014, pp. 445 y ss.

[43] BENOIT, F.-P., *Derecho Administrativo*, N° 1033, Madrid, p. 587.

CAPÍTULO II

EL FUNDAMENTO JURÍDICO-PÚBLICO

§15. Cuestión previa — Si se admite que la Administración Pública está integrada por personas jurídicas, se debe aceptar igualmente que estas personas públicas, como las demás personas jurídicas, pueden celebrar contratos o acuerdos por medio de los cuales los interesados se obligan. Ahora bien, sostiene MODERNE[44], el tema del contrato público siempre ha sido –y sigue siendo– fuente de polémicas, esencialmente por lo que se refiere a los contratos del Estado, pues parece difícilmente compatible el compromiso contractual con el ejercicio del poder soberano del Estado.

Así las cosas, un sector de la doctrina encabezada por O. MAYER[45] señalaba que parecía incompatible la idea de contrato con la idea de poder público, pues: "El Estado manda siempre unilateralmente [...]; y el contrato no tiene acomodo posible en el derecho público [...], y así, el contrato del Estado constituiría, una "imposibilidad lógica" (MEILAN GIL)[46]. Mientras que otro sector entendió que la presencia del Estado en la relación contractual transformaba la naturaleza y estructura de ésta, dando lugar a un nuevo instituto jurídico al que llamaron contrato administrativo.

Al respecto, lo primero que se debe insistir es que el denominado Derecho Administrativo Constitucional[47] plantea la

---

44 MODERNE, F., *Ob. cit.*, nota 34, p. 510.

45 MAYER, O., *Derecho administrativo alemán*, 4 vols., trad. directa del original francés de 1903, Depalma, Buenos Aires, 1949-1951.

46 MEILAN GIL, J.L., "Para una reconstrucción dogmática de los contratos administrativos", en *Anuario Facultad de Derecho de la Coruña*, 2005, pp. 508 y 509.

47 Véase ARAUJO-JUÁREZ, J., *Ob. cit.*, nota 1, p. 373 y ss.

necesidad, más que de arrumbar categorías esenciales del Derecho Administrativo, de revisar y repensar dogmas y principios considerados hasta no hace mucho como las señas de identidad de una rama del Derecho que se configuraba esencialmente a partir del régimen de exorbitancia de la posición jurídica de la Administración Pública y de las prerrogativas de poder público consecuentes, como correlato necesario de su papel de gestor, nada más y nada menos, que del interés público, conceptos y categorías que hoy encajan mal y que por ello se deben avenir (*conforme a*) con los nuevos paradigmas constitucionales, y todo ello en aras a su adecuación al nuevo modelo de la cláusula constitucional del Estado democrático y social de Derecho y de Justicia que proclama el Art. 2 de la Constitución vigente.

Y es que la polémica continúa en la medida en que el tópico de los contratos públicos o estatales condensa el problema entero del Derecho administrativo como derecho del poder –para la libertad–. Y son precisamente estos argumentos los que le permiten a la doctrina alemana e italiana negar la posibilidad para una Administración Pública de contratar, en la medida en que la figura del contrato demanda la igualdad jurídica de las partes, postula la autonomía de la voluntad de los contratantes y sólo puede ejercitarse respecto de bienes que no están fuera del comercio o tráfico jurídico. Estas condiciones imprescindibles no serían satisfechas tratándose de los contratos administrativos en los modelos alemán e italiano, en particular los del Estado.

Al respecto, lo primero en lo que debemos insistir de nuevo es que cualquier análisis que pretendamos realizar sobre la teoría de la cláusula exorbitante en los sistemas de contratación pública, debe abordarse desde la perspectiva constitucional, atendido al hecho que los fundamentos y principios del entero sistema del Derecho administrativo y sus categorías se encuentran dentro y solo dentro del marco de la Constitución, lo cual trae consigo necesarios replanteamientos de dogmas y criterios que han sido muy útiles en el pasado, pero que hoy exigen adecuarse, institucionalmente a los nuevos tiempos.

Así las cosas, sostiene RODRÍGUEZ-ARANA[48], instituciones
señeras del Derecho administrativo como los poderes, prerrogativas o potestades de que goza la Administración Pública para
cumplir su papel de organización para cumplir con eficacia su
labor constitucional de estar al servicio y disposición del ciudadano (ejecutividad, ejecutoriedad, *potestas variandi*, potestad
sancionadora, etc.), requieren de nuevos planteamientos, pues,
como vimos más adelante nacieron en contextos históricos bien
distintos y en el seno de sistemas políticos bien diferentes.

Y, parece obvio, que la potestad de autotutela de la Administración Pública no puede operar de la misma manera que en
el siglo XIX, por la sencilla razón de que el sistema democrático
actual parece querer que el administrado, el ciudadano, o en
definitiva la persona ocupe una posición central y, por tanto, la
promoción y defensa de sus derechos fundamentales no es algo
que tenga que tolerar la Administración Pública sino, más bien,
es su deber el hacerlo posible y facilitarlo.

Finalmente, si por un lado los derechos fundamentales por
decisión del constituyente hoy día encuentran un lugar muy
destacado en las Constituciones vigentes, en razón de lo cual el
Tribunal Constitucional español[49] expresó que "constituyen la
esencia misma del régimen constitucional"; y si por el otro, el
Derecho administrativo en cuanto ordenamiento regulador del
régimen de uno de los poderes públicos tiene como espina dor-
sal la efectividad y aseguramiento de los derechos fundamentales en el marco constitucional, ello traerá consigo una manera
nueva y especial de entender hoy día el ejercicio y la operativi-
dad de la Administración Pública en el nuevo modelo de Estado democrático y social de Derecho y de Justicia.

Así las cosas, en el medio jurídico contemporáneo, el reconocimiento general de la teoría de la cláusula exorbitante y de
las prerrogativas de poder público consecuentes en cualquier

---

[48]   RODRÍGUEZ-ARANA, J., *Ob. cit.*, nota 24, p. 60.
[49]   TCE sentencia del 14 de julio de 1981.

sistema de contratación pública, resulta básico encontrar la clave, el origen y el fundamento de la misma, asunto que abordaremos a continuación.

I. DERECHO ADMINISTRATIVO COMO DERECHO AUTÓNOMO

§16. Concepto — Es bien sabido que no fue sino hasta muy entrado el siglo XIX cuando el Tribunal de Conflictos francés, a través del célebre fallo BLANCO[50], reconoció la autonomía del sistema de Derecho administrativo al declarar que la Administración Pública tiene sus "reglas especiales", distintas de los principios establecidos por el Código Civil para regular las relaciones entre particulares, solución que el autor francés M. WALINE[51] considera "la piedra angular de todo el Derecho administrativo".

Así las cosas, el principio de autonomía del Derecho administrativo comporta, al decir de J. RIVERO[52], la exigencia de ir afirmando su autonomía dentro de una tarea diferenciadora en un doble sentido:

a. Dentro del ámbito general del Derecho público, frente al Derecho constitucional.

b. Y frente al Derecho común o privado.

En este último caso, esta tarea condujo a la existencia de un verdadero préstamo de instituciones y categorías jurídicas las cuales han impuesto, en primer lugar, su diferenciación o mo-

---

50 LONG, M., WEIL, P., y BRAIBANT, G. *Les grands arrêts de la jurisprudence administrative*, 15ème éd., Dalloz, Paris, 2005; y *Los grandes fallos de la jurisprudencia administrativa francesa*, 1ª ed. en español, Ediciones Librería del Profesional, Bogotá, 2000, pp. 1 y ss.

51 WALINE, M., *Traité Élémentaire de Droit Administratif*, Paris, 1950.

52 RIVERO, J., y WALINE, J., *Droit administratif*, 21ème éd., Paris, Dalloz, 2006, p. 6; y *Derecho administrativo*, Traducción de la 9ª Edición, Instituto de Derecho Público, Facultad de Ciencias Jurídicas y Políticas, Universidad Central de Venezuela, Caracas, 1981.

dulación, y en una fase ulterior, la fijación de su propia sustantividad, esto es, demostrar que son realmente algo distinto desde el punto de vista ya sea de su naturaleza, o ya de su régimen jurídico.

En consecuencia, la formación del Derecho administrativo como rama autónoma del Derecho se basa en un sistema de principios, normas y categorías jurídicas con características muy específicas o más propiamente dicho "propias". Y es que la autonomía del Derecho administrativo consiste en que, frente a problemas diferentes, plantea que las soluciones deben ser distintas, pues la razón de ser del Derecho administrativo es la especificidad de los problemas que tiene que resolver que son muy distintos a los planteados por el *ius commune* (Derecho común o privado), que rige la actuación de los particulares.

En efecto, con la evolución del Derecho administrativo, la doctrina se da cuenta de que planteaba problemas diferentes a aquellos del Derecho común; por tanto, las soluciones consagradas en este se estiman como no idóneas para el Derecho administrativo. Y es que ciertamente la razón de ser de su autonomía es, se insiste, la especificidad de los problemas para resolver en el ámbito del Derecho administrativo, por lo cual se justifica la formulación, mantenimiento y desarrollo de normas, principios y categorías jurídicas propias del campo del Derecho administrativo, distintas a las consagradas en el Derecho común.

Es por ello que el Tribunal de Conflictos francés a través del fallo BLANCO estableció un hito muy importante en la construcción del Derecho administrativo, hasta el punto que la doctrina francesa (G. VEDEL)[53] señala que el origen, la partida de nacimiento, la constancia de fe del Derecho administrativo es el fallo BLANCO, al consagrar que los litigios donde interviene la Administración Pública no pueden ser decididos por los principios establecidos en el Derecho común para regir las relacio-

---

[53]   VEDEL, G., y DELVOLVÉ, P., *Droit administratif*, t. I, 12ème éd., Themis, PUF, Paris, 1992; y *Derecho administrativo*, traducción de la 6ª. ed. francesa, Biblioteca Jurídica Aguilar, Madrid, 1980.

nes entre los particulares. Es por ello que la importancia del fallo BLANCO consiste no solo en haber sustraído al "Estado poder público" del Derecho común, sino por también por haber consagrado los principios que constituyen las bases del *régime administratif* y que le dan su originalidad e interés al afirmar, claramente, la aplicación de reglas autónomas, llamadas "exorbitantes del Derecho común", esto es, se consagra la autonomía científica del Derecho administrativo con relación a las reglas establecidas en el Derecho común que se encuentran fundamentalmente en el Código Civil.

En efecto, el fallo BLANCO por un lado proclama la autonomía del Derecho administrativo al oponer las "reglas especiales" del Derecho administrativo a las del Derecho privado, concebido este último para ejercer –y la expresión no ha desaparecido del lenguaje contemporáneo–, como expresión del "derecho común". Y por el otro lado, afirma, igualmente, la inaplicabilidad a la Administración Pública de las reglas del Derecho común que se encuentran en el Código Civil. Es decir, consagra que la Administración Pública tiene sus propias reglas, tiene su propio Derecho, que es el Derecho administrativo.

Dentro de esta concepción originaria se concluye que el rasgo más característico del Derecho administrativo como Derecho autónomo, sería la aplicación de reglas "exorbitantes del derecho común", como medio necesario para que las autoridades públicas, encargadas de la gestión administrativa, del "giro o tráfico" administrativo (GARCÍA DE ENTERRÍA)[54], puedan lograr una adecuada satisfacción de los fines de interés público.

Finalmente, en lo que respecta al Derecho administrativo del mencionado fallo BLANCO en sí mismo, cabe preguntarse si se mantiene aún, hoy día, como Derecho especial o Derecho excepcional o es, por el contrario, un Derecho normal o Derecho común, aspecto que analizaremos a continuación.

---

[54]   GARCÍA DE ENTERRÍA, E. y FERNÁNDEZ, T.R., *Ob. cit.*, nota 3, t. I, p. 61.

II. DERECHO ADMINISTRATIVO COMO DERECHO NORMAL

§17. Concepto – Cuando se estudia el ordenamiento jurídico-administrativo, sostiene M.F. CLAVERO ARÉVALO[55], no suele ser corriente el planteamiento de un problema muy rico en consecuencias teóricas y prácticas atinente a la naturaleza de las normas de este ordenamiento. Tal problema no es otro sino la situación del Derecho administrativo ante el siguiente doble dilema: Derecho normal-Derecho especial, por un lado; y Derecho común-Derecho excepcional, por el otro, en el entendido que son términos que se corresponden a conceptos técnico-jurídicos que deben ser empleados en terminología jurídica con todo rigor científico.

Sobre el primero de los dilemas Derecho normal–Derecho especial, debemos recordar cómo la doctrina administrativa tradicional hubo considerado desde sus propios orígenes durante mucho tiempo al Derecho administrativo como un Derecho especial o excepcional por oposición al Derecho civil, calificado este como Derecho común. En tal sentido, nos recuerda MEILÁN GIL[56], que ello obedeció, no tanto por la carencia de normas que hoy se calificarían materia administrativa, como por la insuficiente atención de su estudio en comparación con el del Derecho privado, pues durante siglos solo este era considerado como el Derecho auténtico, y por influencia de la pandectística alemana, el Derecho privado se confirmará en su consideración de *ius commune*.

Sin embargo, decir hoy día que un Derecho es normal es tanto como decir que sus disposiciones están informadas –como nos enseña DE CASTRO[57]–, por principios de un valor organiza-

---

55   CLAVERO ARÉVALO, M.F., "Consecuencias de la concepción del Derecho administrativo como ordenamiento común y normal", en *RGLJ*, 1952, Instituto Editorial Reus, Madrid, 1952, pp. 3 y 4.

56   MEILÁN GIL, J.L., *Ob. cit.*, nota 17, p. 18.

57   DE CASTRO, F., *Derecho Civil de España*, Parte General, t. I, 1955, p. 11.

dor general. Es por ello que un Derecho calificado de normal tendrá en sí mismo, una fuerza expansiva que le permite obtener de su propio seno las soluciones para relaciones jurídicas no previstas expresamente por el legislador. Es un Derecho que puede ser interpretado extensivamente y en el que se encuentra aplicación la doctrina de la analogía. Por el contrario, el Derecho especial estará constituido por normas cuyos principios no tuvieron nunca, o al menos no tienen ya, valor organizador general. Son normas que se dan para situaciones que son supervivencias caducas o anormalidades transitorias. Por consiguiente, las disposiciones de Derecho especial no tienen fuerza expansiva ni de aplicación de la analogía.

En tal sentido, CLAVERO ARÉVALO[58] concluye que el Derecho administrativo es un Derecho normal en el sentido técnico del vocablo. Esto es, agregamos, que se trataría de un ordenamiento jurídico que parte de principios, lógicas y reglas diversos que nos llevan, a su vez, a situaciones jurídicas distintas en cada caso en particular que se presenta en torno a las instituciones jurídicas y a cada una de las ramas del Derecho público y del Derecho privado. Y es por ello que tan sólo se podría hoy seguir pensando en el carácter especial o excepcional del Derecho administrativo utilizando el término en un sentido no técnico, de que las normas del Derecho privado sufren excepciones o serían exorbitantes cuando se aplican a la Administración Pública.

En efecto, el Derecho administrativo hoy día debe considerarse como un Derecho normal en sentido técnico, pues su objeto, la función administrativa del Estado o de los entes públicos, ni es una anormalidad transitoria ni mucho menos supervivencia caduca de otros tiempos. La Administración Pública y la función administrativa son realidades permanentes y constantes que se han dado en todo tiempo y lugar, y que son consustanciales a la propia idea de organización política.

---

[58] CLAVERO ARÉVALO, M.F., *Ob. cit.*, nota 55, pp. 5 y 6.

§18. Normas administrativas excepcionales — Asimismo, CLA-VERO ARÉVALO[59] señala que no se opone para nada al carácter normal que se predica del Derecho administrativo, la existencia en el seno de éste de ciertas normas de indiscutible carácter excepcional. Son normas que se dictan para ciertas necesidades que solo transitoriamente aparecen como públicas, o para ciertas situaciones que entran en el ámbito de la Administración Pública como consecuencia de hechos anormales, así como tampoco se opone al carácter normal del Derecho privado la indiscutible existencia de normas excepcionales no susceptibles de interpretación extensiva ni de la aplicación de la analogía.

Por tanto, junto a un Derecho administrativo normal, que es el auténtico Derecho administrativo, susceptible de la aplicación de la analogía, de los principios generales del Derecho y de la interpretación extensiva, existirán normas administrativas de carácter excepcional, cuya existencia no desdibuja en absoluto el carácter normal que debe incluirse en la definición de esta rama del Derecho, dando lugar a la denominada teoría de las circunstancias excepcionales, pero que jamás tendrá como efecto sustraer a la Administración Pública del control jurisdiccional[60].

En mérito a lo antes expuesto, podemos concluir también que nuestro primer punto de vista no es otro, sino que el Derecho administrativo hoy día es un Derecho normal en el sentido técnico del vocablo.

III. DERECHO ADMINISTRATIVO COMO DERECHO CO-MÚN

§19. Teoría de la doctrina clásica — Examinada la cuestión del Derecho administrativo como Derecho normal y las consecuencias que de tal condición dimanan, también cuando la doctrina estudia el Derecho administrativo se plantea el problema de su situación ante el dilema: Derecho común-Derecho excepcional, para lo cual también debemos empezar por definir los términos.

---

[59]   CLAVERO ARÉVALO, M.F., *Ob. cit.*, nota 55, pp. 5 y 6.

[60]   ARAUJO-JUÁREZ, J., *Derecho Administrativo. Parte General*, 2da. Reimpresión, Ediciones Paredes, Caracas, 2010, pp. 120 y 121.

Cuando se califica un ordenamiento como Derecho común, según CLAVERO ARÉVALO[61], significa que sus normas regulan la totalidad de las relaciones de los entes a que se refieren; por el contrario, calificar a un ordenamiento como Derecho especial, significa que sus normas solo regulan un aspecto parcial de la vida de las personas jurídicas para quienes se dicta y, por ende, se quiere significar científicamente dos cosas:

a. La aplicación preferente de sus normas a la materia regulada.

b. Y el carácter supletorio del Derecho común en relación con las deficiencias de la legislación especial (DE CASTRO)[62].

Veamos entonces cuál ha sido la postura de la que pudiéramos denominar doctrina administrativa clásica. Al respecto WALINE[63] señalaba que el Derecho administrativo es un "régimen de excepción" con relación al Derecho privado, en la medida en que los principios del Derecho privado son descartados, ya que todas las teorías del Derecho privado se encuentran modificadas. Pero que al lado de las deformaciones –o mejor modificaciones o modulaciones– del Derecho privado en ciertas materias administrativas (dominio público, contrato, responsabilidad, etc.), el Derecho administrativo comprende teorías de Derecho público sin equivalente en el Derecho privado, tales como poder reglamentario, la decisión ejecutoria, privilegio de acción de oficio, etc. WALINE a continuación se preguntaba cuál es la razón de estas normas que atribuyen poderes a la Administración Pública totalmente desconocidos en el Derecho privado. La contestación está en la utilidad pública, que es el principio fundamental que rige e informa a todo el Derecho administrativo.

---

61 CLAVERO ARÉVALO, M.F., *Ob. cit.*, nota 55, p. 27. En el mismo sentido, GARCÍA DE ENTERRÍA, E., y FERNÁNDEZ, T.R., *Ob. cit.*, nota 3, t. I, pp. 45 y 46.

62 DE CASTRO, F., *Ob. cit.*, nota 57, p. 12.

63 WALINE, M., *Manuel Elementaire de Droit administratif,* Paris, 1946, p. 8.

En éste orden de ideas, R. BONNARD[64] sostiene también que el Derecho administrativo sería un Derecho especial que regula la organización y funcionamiento de los servicios públicos, ya que las normas de Derecho privado resultaban insuficientes para los servicios públicos. Así, el Derecho administrativo sería al decir del citado autor con relación al Derecho privado un Derecho excepción que viene a sustituirle; sin embargo, señala que conviene precisar que también comprende ciertas materias para las que ofrece normas radicalmente opuestas a las correspondientes de Derecho privado como, por ejemplo, la adquisición de la propiedad, que en el Derecho público es originaria, mientras que en el Derecho privado es derivativa y voluntaria. Otras reglas descansan en los mismos supuestos que sus correspondientes del Derecho privado, ocurre tan solo que las soluciones de éste quedan atenuadas o modificadas.

Finalmente, ciertas materias del Derecho administrativo ofrecen soluciones idénticas a las correspondientes a las del Derecho privado, e incluso las normas del Derecho privado son las mismas que se aplican; pero lo fundamental es que no se aplican como tal Derecho privado, sino como auténtico Derecho público.

§20. Teoría de la doctrina contemporánea — Frente a la postura citada, otro sector de la doctrina entre los que se encuentra BALLBÉ[65], fue quien hubo planteado el problema en sus justos términos al decir que no hay medios hábiles para defender la tesis de la pretendida especialidad del Derecho administrativo, ya que el Derecho público y el Derecho privado son dos géneros de ordenamientos jurídicos y, por tanto, aquél no es con relación a éste un Derecho especial o excepcional, ni mucho menos peculiar o exorbitante. Que el Derecho administrativo, evidentemente especie a su vez del Derecho público, es el Derecho normal y común de la Administración Pública.

---

[64]   BONNARD , R., *Précis élémentaire de Droit administratif*, Paris, 1943, pp. 43, 47 y 48.

[65]   BALLBÉ, M., Voz, "Derecho administrativo", en *Enciclopedia Seix*, Madrid, 1949, p. 73.

De la mencionada naturaleza del Derecho administrativo, que es tanto Derecho común como Derecho normal de la función administrativa, se infiere la consecuencia de que en todos aquellos casos en los que la legislación positiva no regule expresamente un acto o relación en el que intervenga la Administración Pública, habrá de sobreentenderse regido por el Derecho público, por el Derecho administrativo, mediante la aplicación de los principios generales que éste contiene, relativos a las personas, relaciones y actos de la Administración Pública.

En mérito a lo antes expuesto, el argumento de BALLBÉ debe estimarse fundamental, ya que no puede existir relación de género a especie entre los ordenamientos o sistemas jurídicos que pertenecen a géneros distintos del Derecho, uno al público y otro al privado, puestos que los principios, valores jurídicos y fines esenciales que orientan a una y otra rama del Derecho, no solo deben estimarse distintos, sino en muchas ocasiones antagónicos. El Derecho público no es un mero desenvolvimiento del Derecho privado para unas relaciones *sui generis* o especiales, sino que se trata de un ordenamiento jurídico que nace con arreglo a principios, valores jurídicos y fines esenciales que no solo difieren, sino que contradicen los principios del Derecho común o privado.

Ahora, agregamos, al ser el ordenamiento jurídico-administrativo normas de *ius cogens,* a diferencia de las normas del Código civil que son para las partes Derecho dispositivo, la presencia de aquellas normas de *ius cogens* no depende de la voluntad de las partes, esto es, ni de la Administración pública ni de los administrados –cualificados o no– sino que existen con independencia de la decisión de ellas y emana del propio ordenamiento jurídico-administrativo.

Pero aún más, continúa señalando CLAVERO ARÉVALO[66], el Derecho administrativo en su formación y evolución ha roto a su vez el proceso evolutivo de los llamados Derecho especiales. En la primera fase de su evolución, los Derechos especiales se

---

[66] CLAVERO ARÉVALO, M.F., *Ob. cit.*, nota 55, p. 32.

configuran como Derecho clasista. Derechos de una clase social que reacciona ante los principios rígidos del Derecho común para luego, en fase posterior, venir a configurarse como Derechos objetivos no de clase, sino de relaciones jurídicas. Piénsese por de pronto en el Derecho mercantil, que nació como un Derecho de y para los comerciantes, de los mercaderes, y no como un Derecho objetivo de los actos de comercio, a lo que llegó en su evolución en tiempos posteriores.

El Derecho administrativo quiebra con esta evolución típica de los ordenamientos especiales, pues no se ha configurado nunca como un Derecho de clase. En efecto, el propio concepto de necesidad o utilidad pública, fundamental en el origen y evolución del Derecho administrativo, está en contraposición con el carácter exclusivista de un Derecho de clase social. Es más, el Derecho administrativo no ha sido nunca un Derecho subjetivista; no ha sido nunca el Derecho de la Administración Pública, sino que ha sido siempre el Derecho de la función administrativa de los entes públicos.

Y en ese sentido, concluye CLAVERO ARÉVALO[67], el Derecho administrativo cuando se configura en sus orígenes como auténtico ordenamiento autónomo, es un "Derecho de prerrogativas", que encuentra su fundamento no en una concepción formal y subjetiva –la Administración Pública–, sino en una concepción objetiva y sustancial –la función administrativa–.

Por tanto, de la misma manera que el Derecho civil es el Derecho común y normal privado, porque se refiere a la totalidad de las relaciones de las personas privadas, del que a, su vez, se han desgajado ordenamientos especiales que han amoldado los principios de aquél, sin romperlos, a las necesidades de ciertas relaciones parciales de aquellas mismas personas, así también el Derecho administrativo es el Derecho común y normal de la Administración Pública, porque tiende a regular la totalidad de las relaciones en que incide la Administración

---

[67]   CLAVERO ARÉVALO, M.F., *Ob. cit.*, nota 55, p. 33 y 34.

Pública como persona fundamental del Derecho público, cuando tiende a la consecución de los fines esenciales constitucionales que le son consustanciales.

En el mismo orden de ideas en la doctrina contemporánea, MEILÁN GIL[68] sostiene que no puede ponerse en duda que el Derecho administrativo es un *ius commune*. Dentro de la unidad del Derecho constituye un Ordenamiento jurídico sectorial completo, con principios, instituciones y categorías propias con capacidad de auto-integración para resolver, en su ámbito, el problema último de las lagunas legales que plantea la realidad y las eventuales contradicciones que su aplicación pueda provocar. Es por ello que el Derecho administrativo como Derecho común de la Administración Pública tiende a regular la totalidad de las relaciones jurídicas en que este incide de modo completo y global, aunque en ocasiones se sirva instrumentalmente del Derecho privado.

§21. Carácter supletorio del Derecho privado — Una última cuestión suscita la concepción del Derecho administrativo como *ius commune*, y es la relacionada con el carácter supletorio que con relación al mismo tiene el Código Civil o más propiamente el Derecho común o privado. Al respecto señala CLAVERO ARÉVALO[69] que es necesario distinguir en relación con el Derecho supletorio del Derecho común a las relaciones administrativas dos casos muy bien diferenciados. Es uno, el supuesto de que el Derecho privado proclame su carácter supletorio con relación a las disposiciones administrativas: por ejemplo, en materia de conductores eléctricos o servidumbres. Supuesto distinto a aquel en el que las disposiciones administrativas se remitan al Derecho civil como supletorio de las materias que ellas regulan, por ejemplo, en materia de las empresas del Estado (art. 107 de la LOAP).

---

[68] MEILÁN GIL, J.L., *Ob. cit.*, nota 17, p. 17.
[69] CLAVERO ARÉVALO, M.F., *Ob. cit.*, nota 55, pp. 34 y 35.

En tal sentido se pregunta CLAVERO ARÉVALO, ¿cómo explicar el carácter supletorio del Código Civil, sin destruir el carácter común que se predica como propio del Derecho administrativo? La respuesta la da a su vez ÁLVAREZ GENDÍN[70], al señalar que en el Código Civil se contienen normas de carácter general que no son solo aplicables al Derecho privado, sino también al Derecho público: por ejemplo, las de la nacionalidad, etc. que son propias de otros ordenamientos.

Por otra parte existe un motivo histórico que recoge BALLBÉ[71], cual es el de la perfección que en el Derecho romano había alcanzado la madurez que la elaboración privatista había conseguido. Perfeccionamiento y elaboración que han llevado a los Códigos de Derecho privado preceptos, normas e instituciones que más que pertenecer a una sistemática del Derecho privado común, pertenecen a una Teoría general del Derecho, teoría común que en ciertos aspectos abarcan al Derecho público y al Derecho privado. Para evitar una duplicación del ordenamiento, habida cuenta de que dichas normas pertenecerían a la Teoría general del Derecho, el ordenamiento jurídico-administrativo en vez de volverlas a regular, se remite al ordenamiento en que se contienen. Ese ordenamiento, por razones históricas más que por razones de técnica de los ordenamientos, es el Código Civil. No toda supletoriedad determina, pues, la especialidad del Derecho suplido. Que la finalidad de evitar esa duplicación de regulación aparece clara en ciertas remisiones que el Derecho administrativo hace al Derecho civil y que determinan, no ya una supletoriedad del Derecho civil, sino una auténtica paridad en la jerarquía de aplicación de ambos ordenamientos jurídicos.

Ahora bien, frente al argumento que sostenía que a falta de ley o de preceptos expresos sustantivos sobre los contratos que

---

[70] ÁLVAREZ GENDIN, L., "Proyección del Derecho Público sobre el Derecho privado", en *Revista de Estudios de Vida Local*, Madrid, 1950, p. 163.

[71] BALLBÉ, M., *Ob. cit*, nota 65, p. 79.

suscribiera la Administración Pública, debían aplicarse necesariamente las disposiciones sobre la teoría de los contratos en general y los contratos especiales del Derecho privado, sobre todo las normas del Código Civil, la antigua Corte Federal y de Casación sostuvo que esa tesis reinó hasta finales del siglo XIX, pero que luego fue perdiendo prestigio al cobrar cuerpo el concepto de una distinción fundamental entre "los contratos administrativos que interesan a los servicios públicos y los contratos de Derecho Privado". Por tanto, concluyó en la no aplicación por analogía a los contratos administrativos de las disposiciones del Derecho privado, sino de principios atinentes a "conceptos jurídicos nuevos incompatibles con algunos preceptos del Derecho Privado" (caso *Puerto la Guaira*).

Por todo lo dicho se puede, pues, afirmar que el Derecho administrativo tampoco es un Derecho excepcional en relación con el Derecho común o privado, sino que es por sí mismo, el ordenamiento común de la función administrativa de los entes públicos. Concepción que, unida a la anteriormente expuesta del carácter autónomo y normal de esta rama del Derecho público, se nos ofrece rica y fecunda en consecuencias teóricas y prácticas, como vamos a intentar demostrar con el análisis de la teoría de la cláusula exorbitante en el orden de la contratación administrativa.

§22. **Conclusión** — En mérito a lo antes expuesto podemos concluir con carácter general, que, si bien en sus orígenes se calificó el Derecho administrativo ya de Derecho especial o ya de Derecho excepcional, ha sido tan alta la dinámica expansión que, en la actualidad, es frecuente calificarlo como lo que es: un Derecho autónomo, normal y común, en función de su capacidad de autointegración. Esto es, ante la existencia de lagunas legales o de ley, y con apoyo del Derecho administrativo constitucional, cabe recurrir a los principios, valores superiores y fines esenciales que le son propios y a la interpretación analógica de sus normas.

Ahora bien, decir que el Derecho administrativo es autónomo, normal y común, significa que las normas que lo constituyen son principios de un valor organizador general, de lo cual deriva:

a. La fuerza expansiva que le permite obtener de su propio seno las soluciones ante las lagunas legales o imperfecciones de la ley o norma administrativa.

b. La aplicación de los principios generales del Derecho público.

c. Y, por último, la aplicación de la doctrina de la analogía.

CAPÍTULO III

LA REVISIÓN JURÍDICA DE LA TEORÍA DE LA CLÁUSULA EXORBITANTE

§23. Planteamiento de la cuestión — La figura de los contratos públicos, y de manera más concreta los contratos administrativos, como por lo demás acontece hoy día con el propio Derecho administrativo y las restantes categorías jurídicas, ha venido siendo sometida a un proceso de revisión y depuración conceptual. Y es que la figura de la contratación suscita muchos interrogantes en la medida que su campo de acción se extiende.

En efecto, la literatura jurídica sobre la materia si bien numerosa, se ha construido doctrinalmente tomando como referente el tradicionalmente denominado *ius commune* (Derecho civil o privado), tanto si se habla de identidad sustancial, de exorbitancia o en fin de modulación. Sin embargo, compartimos la posición del MEILÁN GIL[72], en el sentido que se debería plantear la cuestión más adecuadamente desde una perspectiva propia del Derecho administrativo, como correspondería a su concepción de *ius commune* y –agregamos– de Derecho autónomo y normal.

En efecto, es sabido que la carencia originaria de sustantividad en los orígenes del Derecho administrativo produjo una verdadera importación de categorías jurídicas desde el Derecho común. Y es que la figura del contrato, al igual que la propiedad, la responsabilidad, y un gran etc., es un concepto más que del Derecho común o privado, pertenece a la Teoría general del Derecho.

En este orden de ideas, MEILÁN GIL[73] sostiene que el planteamiento adecuado y la solución razonable es entender, desde

---

[72] MEILÁN GIL, J.L., *Ob. cit.*, nota 17, p. 146.
[73] *Ibídem*, p. 149.

la unidad última del Derecho, que el contrato es un supraconcepto, que abarca tanto los contratos que operan en el ámbito privado como los contratos que lo hacen en el ámbito público.

Así las cosas, se observa que a medida que se fue desarrollando el proceso de auto-integración y autonomía del Derecho administrativo, las categorías inicialmente "prestadas" comenzaron a tener una modulación *ius administrativa* cada vez más intensa, tan acusada que hoy día comporta una regulación sin equivalente en el Derecho privado (L. Parejo Alfonso)[74], dotando a las nuevas categorías jurídicas de una clara sustantividad propia que alumbra soluciones que sólo pueden ser entendidas a la luz de los nuevos principios que caracterizan al Derecho administrativo.

Por su parte, García de Enterría[75] sostiene que la correspondencia funcional y estructural entre contrato administrativo y contrato de Derecho privado estaría afectada de unas determinadas "modulaciones de régimen jurídico" más o menos significativas, por el hecho que unos de los contratantes sea precisamente la Administración Pública, y por las peculiaridades de su "giro o tráfico" administrativo particular. En consecuencia, la existencia de determinadas modulaciones de bulto, esto es, más o menos significativas viene a ser el resultado de una doble exigencia:

a. Las peculiaridades de la Administración Pública como organización pública.

b. Y el "giro o tráfico" administrativo peculiar y propio.

Y es que como nos recuerda el propio García de Enterría, a la distinción que comienza siendo una distinción que juega

---

[74] Parejo Alfonso, L., "El Régimen Jurídico General de la Contratación en España", en Biblioteca Jurídica Virtual del Instituto de Investigaciones Jurídicas de la Universidad Autónoma de México, p. 266.

[75] García de Enterría, E., y Fernández, T.-R., *Ob. Cit.*, nota 3, t. I, p. 695.

solo en el plano del reparto jurisdiccional entre la jurisdicción administrativa y la jurisdicción común, posteriormente comienza un traslado a la gestión de los contratos de las técnicas de actuación de la Administración Pública y, sobre todo, de su habitual privilegio de autotutela, sobre el cual se da inicio al proceso de sustantivación de la figura del contrato administrativo, y que culmina con la posición de que van a estar regidos por el Derecho administrativo que se inicia, como lo advirtiéramos más arriba, con la construcción del primer criterio sistematizador, esto es, el de actos de autoridad-actos de gestión; y luego con el criterio material del servicio público y, como obligada consecuencia de este planteamiento de base será para G. JÉZE[76] –el creador más relevante de la teoría del contrato administrativo– la aplicación de un régimen jurídico especial compuesto de reglas exorbitantes del Derecho común, surgidas e impuestas por y para la gestión de los servicios públicos.

I.   IDEAS-FUERZA DEL DERECHO ADMINISTRATIVO

§24. Clasificación — Es de todos conocido que, en el desarrollo del Derecho administrativo, la insuficiencia de los criterios tradicionales hace surgir las corrientes de pensamiento que han dado origen a las dos grandes escuelas cuyas teorías han servido para la pretensión de definir el sistema de Derecho administrativo entero. Como ideas-fuerza, estas teorías han gozado de predominio en una época concreta.

En tal sentido, M. HAURIOU[77] sostiene que son dos las nociones fundadoras o maestras del Derecho administrativo:

a. La de *service publique* como la obra (el fin) que ha de ser ejecutada por la Administración Pública;

b. Y la de *puissance publique* (o los medios exorbitantes del Derecho).

---

[76]   JÉZE, G., *Ob. cit.*, nota 39.

[77]   HAURIOU, M. *Préface del Précis de droit administratif et droit public,* 12ème éd., Sirey, Paris, 1933, Réédition, Dalloz, Paris, 2002, p. IX.

§25. Servicio público — En primer lugar, es bien sabido, la Escuela de servicio público hizo de la noción de servicio público el eje de sus construcciones jurídicas, al punto que JÈZE[78] llega a afirmar que el Derecho público y el administrativo son el conjunto de reglas relativas al servicio público. En el mismo sentido la jurisprudencia francesa empieza a referirse, de ordinario, directamente a la noción de servicio público para aplicar el Derecho administrativo[79].

Luego, el Consejo de Estado francés, a partir del fallo EFFIMIEF[80] utiliza la fórmula de una "misión de servicio público". Al hacer énfasis en la misión de servicio público, esta decisión se inscribe en la línea de una serie de fallos que tuvieron por objeto volver a darle a la noción de servicio público un papel esencial en la delimitación de las competencias administrativa y judicial y en la definición del Derecho administrativo y sus categorías jurídicas.

§26. Prerrogativas de poder público — Más tarde, y ante la crisis de la noción de servicio público, la doctrina francesa pretendió definir el Derecho administrativo con otra idea-fuerza como lo fue la noción de *prérrogatives de puissance publique*, al advertirse que la Administración Pública está investida de prerrogativas de poder público o de medios exorbitantes del Derecho común cuando, por ejemplo dicta órdenes, establece prohibiciones, ejecuta actos administrativos, desarrolla o complementa leyes mediante reglamentos: en un palabra, cuando manifiesta su voluntad ordenadora.

Esta idea-fuerza surge a partir de la doctrina alemana del siglo XIX, y sostiene que el Estado es una persona jurídica dotada de una cualidad particular: la soberanía o poder público,

---

[78] JÈZE, G., *Ob. cit.*, nota 39.

[79] Véase CE, fecha 13 de mayo de 1938, fallo *Caja Primaria "Ayuda y Protección"*, en *GFJAF*, N° 60; CE 31 de julio de 1942, fallo *Monpeurt*, en *Ob. cit.*, nota 50, N° 63.

[80] Véase CE, de fecha 28 de marzo de 1955, en *Ob. cit.*, nota 50, N° 82 pp. 377 y ss.

por lo que sus relaciones con las personas son desiguales, es por ello que el Derecho privado no puede ser válido para regular las relaciones entre el Estado y las personas, en razón de lo cual existe un Derecho administrativo.

Así las cosas, el criterio más satisfactorio parecería ser luego el de la utilización de la noción de potestad pública, cuya iniciativa se debe al autor italiano S. ROMANO, y constituye así uno de los más importantes avances del Derecho al suministrar al sector jurídico-administrativo una valiosa utilidad. En efecto, el criterio de potestad aclara la posición de preeminencia de la Administración Pública, situación abstracta y derivada, o derivable, de atribuciones directamente encadenadas en el Ordenamiento jurídico, y cuyo ejercicio tiene como destinatarios a sujetos vinculados, que se encuentran en lo que gráficamente la doctrina italiana ha denominado una "situación pasiva e inercia" (M.S. GIANNINI)[81].

Al efecto, debemos recordar que la doctrina señala que los poderes –como integrantes, junto a los deberes, de las relaciones jurídicas– pueden clasificarse. En efecto, F. CARNELUTTI[82] atribuye a los conceptos de poder y deber un significado genérico y a los conceptos de derecho y obligación un sentido específico. A juicio de este autor, las situaciones de poder son las siguientes: (i) la potestad (poder de mandar en interés ajeno); (ii) el derecho subjetivo (poder de mandar en interés propio); y (iii) la facultad (actuación lícita). Correlativamente, las situaciones jurídicas de deber se agrupan en: (i) la sujeción y (ii) la obligación.

Es así como en algunos Ordenamientos jurídicos, la Administración Pública desarrolla su actividad sirviéndose de medios jurídicos que son distintos y cualificados por situarla en una posición de superioridad o supremacía (las prerrogativas

---

[81]   GIANNINI, M.S., *Lezioni di diritto amministrativo*, Vol. I, Milan, 1950, p. 266.

[82]   CARNELUTTI, F., *Teoria generale del diritto*, Milano, 1940.

públicas o de poder público). Esa desigualdad no es el único rasgo de esos medios jurídicos que permiten a la Administración Pública actuar con imperio y revestida con el manto de la autoridad, sino que, además, esos medios jurídicos se caracterizan porque la Administración Pública puede utilizarlos y ejecutarlos sin necesidad de acudir a los tribunales (la denominada potestad de autotutela administrativa).

En consecuencia, las reglas del Derecho administrativo se caracterizan, en relación con las de Derecho privado, en que aquellas confieren a la Administración Pública una diversificación de medios jurídicos sin equivalente en las relaciones jurídicas privadas, pues, a la diferencia de fines de interés general corresponderá correlativamente una diferencia de medios jurídicos, que consisten no solo en prerrogativas de poder público (prerrogativas exorbitantes del Derecho común), sino que también esos mismos fines de interés general imponen a su libertad de acción sujeciones más estrictas que aquellas a las que están sometidos los particulares (sujeciones exorbitantes del Derecho común), según la conocida división del autor francés J. RIVERO[83], y que se va a proyectar también en la actividad contractual administrativa.

II. CRITERIOS DEL CONTRATO ADMINISTRATIVO

§27. Criterios clásicos — En mérito a lo antes expuesto, DE LAUBADÉRE[84] señala que en la determinación del criterio del contrato administrativo, desde sus orígenes, dos grandes criterios clásicos han ocupado y continúan teniendo el papel protagónico, y son:

a. La noción de servicio público.

b. Y la noción de cláusula exorbitante.

---

83 RIVERO, J. Y WALINE, J., *Ob. cit.*, nota 52, pp. 23 Y 24.
84 DE LAUBADÈRE, A., MODERNE, F. et DELVOLVÉ, P., *Ob. cit.*, nota 37, p. 144.

Así las cosas, el primero criterio consiste en una cierta vinculación del contrato en cuestión con una actividad calificada como servicio público. Sin embargo, la insuficiencia que tendría la noción de servicio público –*lato sensu*– para configurar el criterio determinante de la teoría del contrato administrativo provocó el segundo criterio inaugurado en Francia por el fallo Sociedad de Granitos Porfídicos de Vosges del Consejo de Estado[85], y que reside en la presencia dentro del contrato de cláusulas "diferentes de aquellas que se establecen entre un particular y un comerciante cualesquiera", esto es, que difieren bastante de aquellas que se encuentran en los contratos comunes por parecer francamente insólitas; y se les denomina, por tal razón, "cláusulas derogatorias del derecho común" o, más usualmente "cláusulas exorbitantes del derecho común" o "cláusulas exorbitantes del derecho privado". Desde entonces ha jugado un papel muy importante, consagrándose la doble idea de la identificación del contrato administrativo por el carácter de las estipulaciones que contiene y por el criterio de la cláusula exorbitante.

§28. **Criterios contemporáneos** — Asimismo, DE LAUBADÉRE[86] sostiene que después el Consejo de Estado le va a dar un desarrollo nuevo al criterio de la cláusula exorbitante al extenderla con el empleo de la noción de *régime exorbitant*, y que ha devenido al lado del criterio de la cláusula exorbitante como otro criterio autónomo. En efecto, en el fallo Societe la Riviere de Saint[87], el contrato en cuestión no podía vinculársele a la noción de servicio público ni tampoco a la cláusula exorbitante al no contener ninguna cláusula de ese género pero, en su defecto, desde ciertos puntos estaba regulado por un régimen exorbitante, en razón de las reglas particulares que derivaban de ciertas disposiciones reglamentarias que le resultaban aplicables.

---

[85] Véase *Los Grandes Fallos de la Jurisprudencia Administrativa Francesa*, *Ob. cit.*, nota 50, N° 29, pp. 99 a 102.

[86] DE LAUBADÉRE, A., MODERNE, F. et DELVOLVÉ, P., *Ob. cit.*, nota 37, t. I, p. 158 y 159.

[87] Véase Conseil d'Etat, Sect. 19 janv. 1973, *Société déxplotation électrique de la rivière du Sant*, Rec. 48.

Desde entonces, la orientación nueva en que consiste la fórmula según la cual el carácter administrativo de un contrato puede resultar del régimen exorbitante al cual se encuentra sujeto, va a formar parte también de la definición jurisprudencial del contrato administrativo o, más propiamente, se constituirá en otro criterio del contrato administrativo[88]. Que, si bien el calificativo exorbitante se vincula a los dos criterios, en este supuesto no está referido a estipulaciones voluntaria y libremente convenidas en el contrato por las partes, sino a reglas sacadas de fuentes externas a las partes que pueden ser leyes o reglamentos, y que fijan el marco jurídico dentro del cual se inscribe el contrato en cuestión. La diferencia fundamental entre ambos criterios se refiere al rol que juega la voluntad de las partes en la estipulación de las cláusulas exorbitantes, mientras que está ausente en el criterio del régimen exorbitante.

En mérito a lo anterior, DE LAUBADÉRE[89] concluye que en vez de denominar criterio de la cláusula exorbitante, debe denominarse criterio de la presencia de los elementos exorbitantes, en razón de que pueden tener por origen:

a. Ya sea estipulaciones incluidas por las partes (cláusula exorbitante).

b. O ya en razón de un marco jurídico exterior a la voluntad de las partes, pero al cual el contrato está sujeto (régimen exorbitante).

§29. Teoría de la modulación — La carencia originaria de sustantividad en los orígenes del Derecho administrativo, –hemos mencionado– produjo un verdadero préstamo de diversas categorías jurídicas desde el Derecho privado. Y la razón fundamental es que como sucede con los contratos, al igual que con otras instituciones o categorías jurídicas como la propiedad, la responsabilidad, etc., son categorías de la Teoría general del Derecho.

---

[88] DE LAUBADERE, A., MODERNE, F. et DELVOLVE, P., *Ob. cit.*, nota 37, t. I, p. 229.

[89] *Ibidem*, p. 210.

Ahora bien, a medida que se fue desarrollando el proceso de auto-integración y autonomía del Derecho administrativo, las categorías prestadas, como acontece con la teoría general de los contratos, comenzaron a tener una modulación *ius administrativa* cada vez más intensa, tan acusada que según un sector de la doctrina va a comportar una regulación sin equivalente en el Derecho privado (PAREJO ALFONSO)[90], dotando a la nuevas categorías administrativas de una clara sustantividad propia que alumbra soluciones que sólo pueden ser entendidas a la luz de los nuevos principios que caracterizan al Derecho administrativo, dominado por la noción de interés general o público como valor predominante y no por el interés del particular (GARCÍA DE ENTERRÍA)[91].

También es conocida la posición doctrinal nacional negadora de la sustantividad de los contratos administrativos, bajo la influencia de SAYAGUÉS LASO[92] cuando en la década de los sesenta puso el acento en que la realidad exhibe en los acuerdos o vínculos contractuales la Administración Pública, que hay elementos que se rigen por normas y principios del Derecho público o del Derecho privado en mayor o menor medida, según los casos.

Es así como esos principios son objeto de adaptación conforme a la noción de servicio público, "motivada en razones de interés público", y "cuya regulación queda sometida a reglas especiales distintas....propias y características" de las reglas jurídico-privadas" (Véase caso *Acción Comercial S. A.*) o "reglas especiales distintas de las que rigen los pactos jurídico-privados"[93].

---

90 PAREJO ALFONSO, L, *Ob. cit.*, nota 74, p. 260.

91 GARCÍA DE ENTERRÍA, E., "La figura del contrato administrativo", *en Revista de Administración Pública*, Madrid, 1963, pp. 110 y ss.

92 SAYAGUÉS LASO, E., *Ob. cit.*, nota 8, p. 537.

93 *Vid.* Sent. (01090) del TSJ/SPA, de fecha 11 de mayo de 2000, caso *Trino Juvenal Pérez Solano*.

De ahí que el problema central que sigue planteándose en torno del contrato administrativo es, según Cassagne[94], hasta qué punto su construcción se independiza de las normas y principios del Derecho común –que vinieron rigiéndolo desde que el Estado comenzó a utilizar la técnica contractual en forma esporádica– y en qué medida ha adquirido una fisonomía peculiar y típica del Derecho público.

Al respecto, advierte García de Enterría[95] que la tesis sustantivadora del contrato administrativo que le permitió mantenerse sobre la base del criterio de las denominadas cláusulas exorbitantes del Derecho común, va a ser objeto de cuestionamiento después de la segunda mitad del siglo XX, una vez que se comprueba la posibilidad de proceder con normalidad a la gestión de los servicios públicos, e hizo surgir un espíritu revisionista que vino a poner en cuestión las afirmaciones centrales en que esa tesis sustantivadora se fundamentaba.

En efecto, la doctrina comienza a advertir que esa diferencia de naturaleza y esa diversidad de régimen jurídico de los contratos administrativos por oposición a los contratos privados de la Administración Pública que se predica como algo axiomático dista mucho de ser tan radical como aparenta. Y así García de Enterría[96] –quien también se ha manifestado en contra de la teoría de la sustantividad de los contratos administrativos– observa que las especialidades propias de la contratación administrativa que aparecen en el curso del siglo XIX y en las que más tarde, e incluso hoy, se pretenderá localizar las famosas "exorbitancias" que singularizan al contrato administrativo (prerrogativas de decisión unilateral en materia de interpretación, modificaciones e incluso rescisiones y sanciones), surgirían siempre por vía de pactos ("pliegos de condiciones"

---

[94] Cassagne, *Ob. cit.*, nota 11, p. 20.

[95] García de Enterría, y Fernández, T.-R., *Ob. cit.*, t. I, nota 3, p. 693.

[96] García de Enterría, E., y Fernández, T.-R., *Ob. cit.*, t. I, nota 3, p. 694.

fijados por la Administración Pública y a los cuales el contratista se adhiere), y no por imposición de un texto legal expreso, y que tiene inicialmente además un carácter provisional, destinado a no entorpecer el curso del objeto del contrato administrativo con el surgimiento de una discrepancia y la tramitación de un ulterior proceso.

En el mismo orden de ideas, GARCÍA DE ENTERRÍA[97] estima que dentro de tales contratos se produce una suerte de "modulación" en los contratos estatales en una cadencia que va, desde aquellos típicamente públicos y que se regulan fundamentalmente por el Derecho público, como las concesiones administrativas en general, mientras que otros se regulan por el Derecho privado, como la compraventa inmobiliaria, no obstante lo cual siempre en algunos puntos rige el Derecho público. Ello llevaría a un sector de la doctrina a prescindir de la expresión contrato administrativo, y hablar en cambio de: "contratos de la administración" o "en la función administrativa" y solo a estos se aceptaría que con algunos de ellos se siga utilizando la expresión "contrato administrativo", en tanto se regulen por el Derecho administrativo en una "medida importante" (SARMIENTO GARCÍA)[98].

Así las cosas, GARCÍA DE ENTERRÍA[99] afirma, como ya dijimos, que la modulación más intensa y explicable en una cierta "unidad de sentido" que es la institución contractual, se produciría con los llamados contratos administrativos como el resultado de una doble exigencia:

---

[97] *Ídem.*

[98] SARMIENTO GARCÍA, J.H., "Sobre los contratos de la Administración, la ideología de la seguridad jurídica, la "huída" de aquellos y "la artesanía jurídica", en *Tratado General de los Contratos Públicos*, t. II, Dir. Juan Carlos Cassagne, Ed. La Ley, Buenos Aires, 2013, p. 48.

[99] GARCÍA DE ENTERRÍA, E., y FERNÁNDEZ, T.-R., *Ob. cit.*, t. I, nota 3, p. 693.

a. Las peculiaridades de la Administración Pública como organización pública.

b. Y las peculiaridades de su "giro o tráfico" peculiar y propio.

Lo primero explica casi todas las reglas peculiares de la etapa de formación del contrato, que son por ello extensivas a la totalidad de los contratos en que la Administración Pública interviene y no sólo a los estrictamente llamados contratos administrativos. Por ejemplo, la regla de la competencia, la regla de procedimiento, de habilitación previa para transigir o enajenar, de formación interna de la voluntad administrativa, de exigencia de créditos en los presupuestos, de fiscalización de la operación financiera, de formalización del contrato, y un gran etc.

Lo segundo es, justamente, lo característico del contrato administrativo *strictu sensu*, y se manifiesta sobre todo en las reglas de las etapas de ejecución, cumplimiento y extinción de los contratos administrativos. Aquí está de manera especial el campo de las llamadas "cláusulas exorbitantes" de los contratos de la Administración Pública.

Y es así como GARCÍA DE ENTERRÍA[100] concluye que la evolución iniciada en España en el año 53, parece así ultimada. Existirá pues, y así lo denomina expresamente, "contrato administrativo" en todos aquellos casos en que la Administración Pública que celebra un contrato se mueve en el ámbito de su "giro o tráfico" característico; es decir, dentro del campo concreto de las competencias y atribuciones cuyo ejercicio constituye su misión y responsabilidad específicas y, por tanto, introducirá en la figura contractual una "modalización peculiar" que es la que permite calificarlos de contratos administrativos propiamente dichos. Es por ello que, como concluye L. ORTIZ-

---

[100] GARCÍA DE ENTERRÍA, E., y FERNÁNDEZ, T.-R., *Ob. cit.*, t. I, nota 3, p. 704.

ÁLVAREZ[101], no supone ni ha supuesto la desaparición de la figura del contrato administrativo como categoría independiente y relevante de nuestro Derecho administrativo.

Y así, la singularidad del contrato administrativo se vendrá a definir, según GARCÍA DE ENTERRÍA[102], justamente, por su extravase de los módulos contractuales privados. Es lo que se va a llamar, rehabilitando un término histórico originado en el proceso de formación del Derecho público, como independiente del Derecho privado romano, el criterio de las "cláusulas exorbitantes del derecho común". Así, el contrato administrativo sería un contrato en el que están presentes o contenidas cláusulas contractuales de esa naturaleza, no explicable desde el Derecho común de las obligaciones. Y así el planteamiento expuesto llegará hasta nuestros días, con no demasiadas correcciones.

De lo antes expuesto, sostiene GARCÍA DE ENTERRÍA[103], para la calificación de un contrato como administrativo o privado hay, pues, que estar a las reglas específicas de cada contrato, porque son esas reglas, y no una genérica calificación del mismo como administrativo o como privado, las que definirán su concreto régimen jurídico. Así se sigue aceptando la existencia del contrato administrativo si bien ya no por su naturaleza, sino por su "régimen jurídico" específico –y aquí coincide con DE LAUBADÉRE en el empleo de la noción de *régime exorbitant*– y que son tales a falta de texto expreso que así lo establezca e, incluso, de declaración de las partes en ese sentido, en razón de su régimen preponderante de Derecho público, y no de la inclusión en los mismos de las denominadas "cláusulas exorbitantes del derecho común".

---

[101] ORTIZ-ÁLVAREZ, L., y MASCETTII, G., "Nota Introductoria y bibliográfica", en *Jurisprudencia de contratos administrativos*, Ed. Sherwood, Caracas, 1999, p. 8.

[102] GARCÍA DE ENTERRÍA, E., y FERNÁNDEZ, T.-R., *Ob. cit.*, nota 3, t. I, p. 690.

[103] GARCÍA DE ENTERRÍA, E., y FERNÁNDEZ, T.-R., *Ob. cit.*, t. I, nota 3, p. 709.

JOSÉ ARAUJO-JUÁREZ

De ahí que GARCÍA DE ENTERRÍA[104] concluya que la importancia real de la distinción entre dos conceptos jurídicos radica en el hecho de que cada concepto remite a un "régimen jurídico diferente"; que por eso la trascendencia de la distinción será mayor o menor según sea la distancia existente entre ambos regímenes. Finalmente, señala también que tales regímenes no son unitarios y compactos, es decir, que no hay un solo régimen jurídico para los contratos administrativos y otro para los contratos privados, sino varios regímenes distintos a cada lado de la línea divisoria. Dicho de otro modo, la distinción de regímenes jurídicos se hace más por serie o tipos de contratos individualmente considerados que por su calificación genérica como administrativos o privados, y con esta cita entonces llegamos al punto de inicio.

Así las cosas, aunque diferentes los sistemas de contratación pública en las posiciones de partida y en las conclusiones, las prerrogativas de poder público se consideran como una cuestión central y su fundamento *extra contractum* o *ex lege* permite un punto de aproximación.

En todo caso, al calificar GARCÍA DE ENTERRÍA[105] de pragmático el criterio particional de mantener la unidad jurisdiccional sobre toda la materia contractual del Estado, ya sea en favor de la jurisdicción administrativa (caso de la LOJCA) mediante un criterio de atribución de competencias *ratione personae*, o ya de la jurisdicción común u ordinaria mediante un criterio de atribución de competencias *ratione materiae*, llegamos al punto de inicio.

Y ese no es otro que el planteamiento señalado por NIETO[106], en cuanto que en Derecho lo que importa no son tanto las

---

[104]   *Ibídem*, pp. 705 y 706.

[105]   GARCÍA DE ENTERRÍA, E., y FERNÁNDEZ, T.-R., *Ob. cit.*, t. I, nota 3, pp. 689 Y 690.

[106]   NIETO, A. "Estudio Preliminar", en BELADIEZ ROJO, B. *Validez y eficacia de los actos administrativos*, Marcial Pons, Madrid, 1994, pp. 9-31.

categorías como los regímenes jurídicos. Las normas, en principio, no tienen por objeto clasificar sino establecer el régimen jurídico de los fenómenos reales. Es la doctrina la que, siguiendo la estela de las normas, agrupa fenómenos que tienen el mismo régimen y con ellos –*a posteriori*– construye las categorías jurídicas. Así lo hemos aprendido del Derecho romano, cuyo mejor heredero en este punto ha sido el Derecho administrativo.

Además, como también sostiene el mismo NIETO[107], en el mundo del Derecho solo interesan las categorías jurídicas en tanto en cuanto de ellas deriven a su vez consecuencias jurídicas distintas, pues de lo contrario se estaría creando un estilismo jurídico separado de la realidad y del fin último del Derecho que, al fin y al cabo, es lo único que importa, como afirmaba IHERING.

§30. Régimen administrativo — En mérito a todo lo antes expuesto, el problema central que sigue planteándose en torno del contrato administrativo según CASSAGNE[108], es hasta qué punto su construcción se independiza de las normas y principios del Derecho común –que vinieron rigiéndolo desde que el Estado comenzó a utilizar la técnica contractual en forma esporádica– y en qué medida ha adquirido una fisonomía peculiar y típica del Derecho público.

Así las cosas, si bien un sector importante de la doctrina nacional postula la superación del contrato administrativo como categoría autónoma y diferente del contrato de Derecho privado, ello no ha sido suficiente para orillar una construcción teórica que, apoyada en la causa del fin de interés público relevante, se integra por reglas, principios y prerrogativas de poder público propios del Derecho administrativo, y cuyo bloque configura el por mucho tiempo denominado "régimen exorbitante del Derecho común", o régimen típico o, más propiamente, la presencia de un *régime administratif* que también se proyecta sobre el entero sistema de contratación pública.

---

[107]   *Ibídem.*

[108]   CASSAGNE, J.C., *Ob. cit.*, nota 11, p. 20.

En el segundo caso, las prerrogativas de poder público son las que justifican el sometimiento de los contratos administrativos a una jurisdicción especial y, además, proporcionarían según cierto sector de la doctrina, el fundamento para una naturaleza específica. Y las mismas se explicitarían en las denominadas cláusulas exorbitantes. Serán siempre válidas en un contrato administrativo a diferencia del contrato civil, y aunque no se incluyan en él existirían siempre *ex lege*.

De ahí que la distinción entre ambas técnicas contractuales –de Derecho público y de Derecho privado– tiene implicaciones muy importantes por cuanto su razón de ser consiste en que no ha de regir el mismo régimen típico del Derecho administrativo, como vamos a volver más adelante. El obvio corolario de ello sería que las controversias que se originan en torno a los contratos privados o regidos preponderantemente por el Derecho privado, corresponderían a la competencia de la jurisdicción común; mientras que, por el contrario, los contratos administrativos o regidos preponderantemente por el Derecho administrativo serían del fuero de la jurisdicción contencioso administrativa.

Al respecto se observa, que si ha sido un criterio pragmático –hoy más válido que nunca– del deslinde competencial basado sobre la idoneidad técnica del Juez, no se entiende porqué si el juez administrativo sería más apto que el juez común para conocer del contrato regido por el –o preponderantemente– Derecho administrativo, mientras que para el legislador de la LOJCA, el juez común no lo sería también, a su vez, para conocer del contrato regido por el –o preponderantemente– Derecho común, al atribuirle la competencia para conocer de los mismos *in integrum* al Juez contencioso administrativa (Arts. 9, núm. 4 *eiusdem*).

Y es que el obvio corolario es que las controversias que se originan en torno a los contratos privados –o si se prefiere regidos preponderantemente por el Derecho privado–, corresponderían a la competencia de la jurisdicción común; mientras que, por el contrario, los contratos administrativos –o si se prefiere regidos preponderantemente por el Derecho administrativo–, serían del fuero de la jurisdicción contencioso administrativa.

En conclusión, el Derecho administrativo es un régimen jurídico caracterizado, tanto por prerrogativas como por sujeciones exorbitantes del Derecho común reconocidas o impuestas a aquellos que actúan en ejercicio de la soberanía nacional (VEDEL)[109], y que están presentes en todas las categorías jurídicas del Derecho administrativo incluido, por supuesto, los sistemas ya sea administrativista o ya sea privatista de contratación pública, según analizaremos a continuación.

§31. Principio de publificación — Aun partiendo desde la negación misma del contrato administrativo en algunos sistemas de contratación pública, la doctrina observa que se ha pasado al reconocimiento de una tendencia *iuspublicista* (publificación) que admite contratos con prerrogativas de poder público (CASSAGNE)[110], aun cuando se continúe negando la configuración sustantiva autónoma y diferenciada de la categoría del contrato administrativo.

Así las cosas, como muy bien sostiene MEILÁN GIL[111], la admisión de prerrogativas de poder público se acepta desde posiciones que sostienen tanto la naturaleza civil de los contratos denominados administrativos (sistema civilista o privatista de la contratación pública o modelo privado de contratación administrativa), como desde las que defienden su naturaleza o sustantividad administrativa (sistema administrativista de la contratación pública o modelo público de contratación administrativa).

En efecto, sostiene CASSAGNE[112], pese a las distintas terminologías que se utilizan, existe una tendencia creciente a reconocer una serie de principios y prerrogativas de Derecho público en los ordenamientos que regulan los sistemas de contratación pública, lo que no es óbice para que vayan surgiendo nue-

---

[109]   VEDEL, G., *Ob. cit.*, nota 53, p. 12.

[110]   CASSAGNE, J.C., *Ob. cit.*, nota 11, p. 6.

[111]   MEILÁN GIL, J.L, *Ob. cit.*, nota 26, p. 144 y 145.

[112]   CASSAGNE, J.C., *Ob. cit.*, nota 11, p. 6.

vas orientaciones doctrinarias que propician la atenuación de los poderes exorbitantes. En efecto, sobre todo en el ámbito europeo, a través de la influencia que el Derecho comunitario ha irradiado en los derechos nacionales, se observa una tendencia creciente hacia la *iuspublificación* de los sistemas de contratación pública, que se proyecta incluso hacia los antiguos esquemas contractuales regidos por el Derecho privado. Esa *iuspublificación* se revela en las reglas que regulan el procedimiento de selección que excluyen, en principio, la libertad para elegir el contratista y el reconocimiento de prerrogativas de poder público que acompañan la ejecución del contrato, su extinción y los efectos que ella produce[113].

En efecto, aún en los ordenamientos jurídicos que no reconocen ni un régimen ni la categoría del contrato administrativo o equivalente, los contratos públicos en general estarán sometidos al Derecho privado, lo que es solo en teoría, puesto que allí también en la práctica los contratos públicos están llenos de peculiaridades, de excepciones o derogaciones del Derecho común, lo que no es inconveniente a que jueguen cláusulas que no son normales en los contratos entre particulares, bien por la vía del clausulado contractual o bien por la proyección sobre el contrato de un conjunto de privilegios subjetivos que acompañan siempre al Estado, lo que lleva a concluir a Ariño Ortiz[114], que el enigma no estaría en el concepto de contrato administrativo, sino en el concepto genérico de contrato estatal o "contrato de Estado".

Por su parte, para González-Varas Ibañez[115] la circunstancia de que en el sistema civilista de contratación pública o estatal propio de países como Alemania o el Reino Unido, las prerrogativas de poder público sean conocidas en el ámbito contractual, señalan que el *quid*, la esencia o la peculiaridad para diferenciar los sistemas públicos de los sistemas privados de contratación

---

113   Cassagne, J.C., *Ob. cit.*, nota 11, pp. 18 y 19.

114   Ariño Ortiz, G., *Ob. cit.*, nota 10, p. 60.

115   González-Varas Ibañez, S., *Ob. cit.*, nota 35, p. 580.

pública no estaría en las prerrogativas de poder público ni el conocimiento de la jurisdicción contencioso administrativa y, por ende, no estaría en la fase de ejecución sino, especialmente, en la etapa de adjudicación o formación contractual.

En unos casos, como en Estados Unidos, porque por vía jurisprudencial se limita la prohibición constitucional del *impair the obligation* que protege la *contract clause*, apelando al *police power*, al *eminent domaine*, por ejemplo, cuando es necesario un *important public purpose*, o el *general welfare*, o en Inglaterra cuando se limita la vinculación contractual apelando a que no se puede impedir la *executive action* de la Corona, el ejercicio del poder, que una autoridad pública pueda realizar las funciones esenciales que justifican su existencia.

En efecto, en Inglaterra, que es paradigmático del sistema privatista de contratación pública (*public contract*), se descubre una singular e interesante evolución jurídica que, al igual que ocurrió en Francia, tiene en la jurisprudencia su principal protagonista. Parece ser que los orígenes de esta doctrina de la "necesidad de ejecución" (*doctrine of executive necessity*, o bien *fettering freedom of action by contract*), se sitúan en el caso *Redetiaktiebolaget v.R*,[116] más conocido como el caso *The Amphitrite*, y que va a tener repercusiones insospechadas en materia contractual. En definitiva, el interés de la doctrina jurisprudencial radica en presentar el criterio según el cual "admitiendo que el Gobierno puede vincularse mediante contrato comercial, y aunque los compromisos adquiridos vinculan al Gobierno para su cumplimiento, mediante un contrato no puede perjudicarse la libertad de acción en materias que conciernen el bien público o el bienestar del Estado"[117].

Pues bien, la mencionada doctrina jurisprudencial estaría a la base de toda una elaboración jurisprudencial posterior, donde se irá a perfeccionar el sistema de las prerrogativas públicas

---

[116]   GONZÁLEZ-VARAS IBAÑEZ, S., *Ob. cit.*, nota 35, p. 602.

[117]   *Ibídem*, p. 603 y 604.

contractuales, basándose en el ejercicio de las potestades públicas (*under statutory powers*) o en otros casos en el dato de la discrecionalidad administrativa.

En todo caso, el límite con que se enfrenta esta doctrina viene a su vez de la mano del principio *ultra vires*, a los efectos de controlar el ejercicio de las referidas potestades públicas estatutarias, en especial, las potestades discrecionales. Ahora bien, el *quid* de la jurisprudencia que se relaciona con el principio *ultra vires* no está sino en afianzar un régimen materialmente público de los contratos de la Administración Pública, cuando se afirma que la Corona está limitada al cumplimiento de un interés público prevalente y, por tanto, no podrá celebrarse válidamente un contrato vulnerando el interés público prevalente (*the public interest*) o el fin de la potestad pública conferida.

La evolución inglesa va a tener como desenlace, continúa señalando GONZÁLEZ-VARAS IBAÑEZ[118], la afirmación de una importante regla jurídica conocida como *fettering freedom of action by contract*, en virtud de la cual la Corona no puede comprometer su libertad de acción en materias que afecten al bien público. Dicho, en otros términos, la Corona ha de tener libertad necesaria para llevar a cabo las medidas que procedan en cada momento para la mejor realización del contrato.

En conclusión, del autor señalado, tanto los *statutory powers* como la regla del *ultra vires* van a condicionar decisivamente el sistema supuestamente civilista o privado de la contratación pública, es decir, el régimen del *common law* contractual. El ejercicio de un *statutory powers* va a implicar la posibilidad de alterar o modificar el contrato en presencia de un interés público. Por su parte, la regla *ultra vires* además de ser un correctivo o control de dicho ejercicio, insiste en la necesidad de observar un fin público limitando esencial y decisivamente la capacidad de negociación contractual del poder público inglés.

---

[118]   GONZÁLEZ-VARAS IBAÑEZ, S., *Ob. cit.*, nota 35, p. 602.

En otras palabras, como también sostiene GARCÍA DE EN-TERRÍA[119], porque se reconocen facultades que equivalen a las prerrogativas de poder público y que se introducen como cláusulas en los contratos que los particulares han de aceptar para que nazca el contrato y que son reproducción de lo que figura en instrucciones internas de servicios, o en los contratos-tipo. Y que aún en el caso de que no se hayan incluido expresamente pueden ser operativas, si es razonable entender que debieran estarlo. Por tanto, tales cláusulas que se insertan en los *public contract* (resolver e interpretar las diferencias, modificar el precio, imponer penalidades o sanciones, rescindir unilateralmente el contrato, etc.), se asemejarían a las prerrogativas de poder público o cláusulas exorbitantes de los sistemas públicos de contratación pública del Derecho administrativo europeo y latinoamericano, y tendrían como finalidad principal atender al interés público (*the public interest*), y asimismo garantizar la supervisión de la Administración Pública sobre la ejecución de los contratos públicos.

Así las cosas, aunque diferentes los sistemas de contratación pública en las posiciones de partida y en las conclusiones, las prerrogativas de poder público se consideran como una cuestión central y su fundamento *extra contractum* o *ex lege* permite un punto de aproximación, aspecto este sobre el cual volveremos más adelante.

En mérito a lo antes expuesto, se observa que aún en un sistema civilista de contratación pública por excelencia como el inglés, existen también prerrogativas de poder público, y en general en aquellos países (Alemania, Italia) donde no se admite el contrato administrativo, se puede muy bien afirmar que ellos han sufrido una intensa *iuspublificación*. Y de ser así, ello no obsta, sino todo lo contrario, para seguir matizando y corrigiendo el ejercicio de las prerrogativas de poder público frente a los contratistas y hacer hincapié en la propuesta de atenuar la

---

[119] GARCÍA DE ENTERRÍA, E., y FERNÁNDEZ, T.-R., *Ob. cit.*, nota 3, t. I, p. 694.

relevancia o, más propiamente, agrego, llevar a su exacta dimensión la teoría de la cláusula exorbitante, aspecto este que pretendemos tratar de seguidas.

§32. Cambio de denominación por potestades administrativas contractuales— La primera objeción que plantea GARCÍA DE ENTERRÍA[120] a la doctrina sustantivadora del contrato administrativo, es la de que parte de una idea convencional de lo que la "autonomía" científica e institucional del Derecho administrativo pretende. Que no necesita expresarse en singularidad radical de sus instituciones sobre las que son propias del Derecho administrativo. Por una tradición histórica bien conocida, las instituciones básicas del Derecho tienen su génesis en el Derecho común, lo que no implica que no sea posible la aplicación de los mismos a otros sectores, ni que esta aplicación tenga que comportar un régimen institucional radicalmente diferente.

Ahora bien, es sabido que en el Derecho administrativo, ya se le entienda como "Derecho propio" (GARCÍA DE ENTERRÍA)[121] o como "Derecho común" (MEILÁN GIL)[122] de las Administraciones Públicas, en cuanto sujetos, se modulan las instituciones jurídicas generales o de la Teoría general del Derecho, conforme a las exigencias de desenvolvimiento propias de esos sujetos. Por tanto, sostiene GARCÍA DE ENTERRÍA[123], y nos adherimos a su planteamiento, el problema no ha de referirse en términos de "singularidad", "sustantividad" o "exorbitancia" sino, más sencillamente, sin dramatismo, inquiriendo cuáles son esas modulaciones o variantes que introduce la presencia subjetiva de la Administración Pública sobre la abstracta institución contractual. Al respecto, agregamos, no debemos olvidar que las categorías jurídicas que se califican de administrativas se inte-

---

[120] GARCÍA DE ENTERRÍA, E., y FERNÁNDEZ, T.-R., *Ob. cit.*, nota 3, t. I, p. 694.

[121] *Ibídem*, p. 692.

[122] MEILÁN GIL, J.L., *Ob. cit.*, nota 17, p. 17.

[123] GARCÍA DE ENTERRÍA, E., y FERNÁNDEZ, T.-R., *Ob. cit.*, nota 3, t. I, p. 694.

gran, precisamente, por normas, potestades y principios públicos específicos o propios del Derecho administrativo, y cuyo bloque configura el régimen típico, esto es, la presencia de un régimen administrativo o jurídico-público que también se proyecta sobre el sistema de contratación pública.

Y es aquí en este régimen administrativo donde aparecerían las denominadas indistintamente "modificaciones", "modulaciones", "variantes", "derogaciones" o en lenguaje superado "exorbitancias del Derecho común", donde surge lo característico del Derecho administrativo como "Derecho autónomo", "Derecho común" y "Derecho normal", y que se proyectan en las conocidas cláusulas exorbitantes (por reconocérseles todavía hoy el carácter de especiales, excepcionales o derogatorias) del Derecho común (en razón de lo cual esta terminología resulta hoy día objetable), y es por eso mismo que proponemos sustituir su denominación por lo que realmente son: "potestades administrativas contractuales", esto es, instrumentos comunes y normales en los sistemas de contratación pública o estatal.

Desde este planteamiento concluimos que es posible, por de pronto, tipificar una modulación general que el sistema de Derecho administrativo introduciría siempre de manera común y normal bajo el rótulo de potestades administrativas contractuales propiamente tales en toda clase de contratos del sistema de contratación pública, sean de los contratos llamados administrativos, sean de los contratos privados estrictamente tales. Así estos dos tipos de contratos, ahora sí bajo la cobertura o categoría jurídica de mayor amplitud con la nomenclatura de "contrato público", "contrato estatal" o "contrato del Estado", se unificarían en su *régimen jurídico público* en aspectos muy relevantes, ya sea en la etapa de formación o también llamada "zona común" –competencia, procedimiento administrativo de selección, presupuesto, etc.– (contratos administrativos y contratos privados), o ya en las etapas de ejecución y terminación (contratos administrativos *strictu sensu*).

Solo así, sostiene García de Enterría[124], si dentro del conjunto contractual se especifica a un grupo de ellos a los que calificar de contrato administrativo *strictu sensu,* se trata de una medida pragmática determinada por el criterio de que allí donde "la modulación alcanza una cierta intensidad" como, por ejemplo, el contrato de concesión administrativa, y donde también es más conveniente que su conocimiento se atribuya a jueces especializados en Derecho administrativo que a los jueces comunes u ordinarios, porque su conocimiento necesariamente requiere, y ello nadie lo pondría en duda, el conocimiento experto del "régimen jurídico peculiar" de la Administración Pública.

Ahora bien, sólo desde esta óptica (primacía del interés general sobre el interés particular) que debe presidir la interpretación de toda contratación pública, puede entenderse el sentido actual del Derecho común y normal en que consiste el Derecho administrativo –más que de "exorbitancia" o "derogaciones" del Derecho común– sobre la base de principios propios, totalmente lógicos y consecuentes con su naturaleza jurídico-pública, y que juegan orgánicamente para la construcción de la teoría del sistema de contratación pública. Y es que como ha demostrado el autor Rivero[125] –y su análisis se admite hoy día corrientemente– el régimen jurídico-público no tiene siempre un sentido de incremento de las potestades o prerrogativas de la Administración Pública –prerrogativas "en más"–, sino que a veces implica su reducción –prerrogativas "en menos" o "sujeciones"–.

En mérito a lo antes expuesto, podemos concluir junto con Meilán Gil[126], que no tiene sentido seguir manteniendo la defensa de las mal llamadas cláusulas exorbitantes o más propiamente potestades administrativas contractuales como algo

---

[124] García de Enterría, E., y Fernández, T.-R., *Ob. cit.,* nota 3, t. I, p. 692.

[125] J. Rivero, J. y Waline, J., *Ob. cit,* nota 52, pp. 23 y 24.

[126] Meilán Gil, J.L., *Ob. cit.,* nota 17, p. 168.

"exorbitante del derecho común". Forman parte necesaria de la función encomendada constitucionalmente a la Administración Pública y esencial del Derecho administrativo. Así se ha visto también por la lúcida jurisprudencia española al afirmar[127]: "[...] **La potestad que la Constitución y las leyes encomiendan a la Administración no son privilegios, sino instrumentos normales para el cumplimiento de sus fines** y, en definitiva, para **la satisfacción de los intereses generales**" (resaltados nuestros).

De ahí que en última instancia la tarea a dilucidar, concluye MEILÁN GIL[128], es si las potestades administrativas contractuales que se reconocen legalmente a la Administración Pública son más poder que servicio. Así las cosas, la cláusula exorbitante o más propiamente la potestad administrativa contractual dejó de ser el elemento o criterio diferenciador por excelencia entre el contrato administrativo propiamente dicho y el contrato de derecho común o privado, sustituido hoy día por otro elemento como lo es el régimen administrativo típico o de Derecho administrativo común y normal.

III. CONCEPTO DE LA POTESTAD ADMINISTRATIVA CONTRACTUAL

§33. Concepto clásico — Pero ¿qué es lo que hay que interpretar como cláusula exorbitante, o más propiamente por potestad administrativa contractual? ¿Cuál es el género de estipulaciones a las cuales se les reconoce tal carácter?

Es bien sabido que el Derecho civil consagra el principio de la libertad contractual, autorizando a los particulares adoptar las más variadas cláusulas. Pero las cláusulas que trascienden esta libertad, no pueden figurar en un contrato entre particulares, por ser contrarias al orden público, pues se las declararía ilícitas y nulas judicialmente si hubiera que recurrir a esa vía.

---

[127] Véase STS de 27 de marzo de 1986, *cit.* por MEILÁN GIL, J.L., *Ob. cit.*, nota 17, p. 168.

[128] MEILÁN GIL, J.L., *Ob. cit.*, nota 17, p. 27.

Como tales son tenidas, frecuentemente, aquellas que en la práctica no se utilizan porque encierran una preocupación de interés general, extraño a los particulares (Rivero)[129].

Es de nuevo por oposición al concepto de "Derecho común", entendido en el sentido de derecho aplicable a todos, como se va a manifestar verdaderamente la toma de conciencia del particularismo de las reglas y normas del Derecho administrativo. Pero no se trata solamente, como en el Antiguo Régimen, del particularismo de una categoría excepcional de esas reglas –*les privileges del fisk*– donde las reglas derogatorias del Derecho común aparecen como constitutivas de privilegios. Y esos privilegios son referidos a la primacía del interés general. Las fórmulas tradicionales que afirman la superioridad de la utilidad pública sobre el interés privado son frecuentemente invocadas. Los textos del Código de Justiniano y del Digesto sirven aún más para fundamentar tales afirmaciones, así como el famoso apotegma jurídico-romano (*salus populus lex supreme*). Si ellos reconocían así el carácter exorbitante con relación al Derecho común de los privilegios de que disfrutaban las diversas administraciones, la mayoría de los juristas y de administradores estimaban necesario atenuar sus efectos en nombre de la equidad. Esta posición no constituye en sí misma ninguna novedad, pues es suficiente recordar la exigencia de una justa indemnización que los autores sabios de la Edad Media habían ya impuesto como condición de validez a toda forma de expropiación, o las decisiones que reiterativamente declaraban con lugar las demandas de los súbditos o de los contratistas de la administración medioeval.

Y es que esta toma de conciencia de la originalidad de las reglas administrativas impregna profundamente la presentación de los primeros *Répertoires* que salieron a la luz pública en el siglo XIX, como antecedentes de los posteriores tratados y manuales sobre la materia.

---

[129]   Rivero, J. y Waline, J., *Ob. cit.*, nota 52, p. 384.

Esta afirmación marca indiscutiblemente el punto culminante del reconocimiento de la especificidad del Derecho que rige a la Administración Pública o a la función administrativa.

Ahora, se hubo denominado tradicionalmente cláusula exorbitante del Derecho común, a aquella que se inserta en el contrato de la Administración Pública tipificándolo. Dicha cláusula constituiría en la mayoría de los casos, la nota diferencial entre los contratos administrativos y los contratos de Derecho común de la Administración Pública (RIVERO)[130]. De ahí que la doctrina en términos generales sostiene que las cláusulas exorbitantes serían aquellas que son "inusuales en el derecho privado", que de insertarse en un contrato privado "serían ilícitas para un contrato de derecho privado", o, también, aquellas que son extrañas o inhabituales y, por ende, "insusceptibles de aparecer en un contrato entre particulares"; asimismo se ha puntualizado que pueden abarcar "tanto a las que resultan ilícitas como a las inusuales en el ámbito de la contratación civil o comercial" (VEDEL, RIVERO, WALINE, CASSAGNE)[131]. En definitiva, sería una cláusula que sobresale del ámbito del Derecho común, ya porque en estas dichas cláusulas son inusuales, ya porque incluidas en un contrato de Derecho privado serían ilícitas, por exceder el ámbito de la libertad contractual que proclama el Código Civil. No es necesario que la cláusula de que se trate sea simultáneamente inusual e ilícita. Es suficiente que tenga una de esas características.

En resumen, SARMIENTO GARCÍA[132] sostiene que por cláusulas exorbitantes suele entenderse aquellas que están fuera de la órbita normal del Derecho privado, sea porque no es usual convenirlas o porque serían inválidas a la luz de las normas

---

[130] RIVERO, J. y WALINE, J., *Ob. cit*, nota 52, p. 381.

[131] VEDEL, G., *Ob. ci*t., nota 53, p. 233; RIVERO, J. y WALINE, M., *Ob. cit.*, nota 52, p. 384; WALINE, M., *Précis de droit adminstratif*, t. I, 1ª ed., Monchrestian, Paris, 1969, p. 394; CASSAGNE, J.C., *El Contrato Administrativo*, 3ª edición, La Ley, Buenos Aires, 2011, pp. 19 y 20.

[132] SARMIENTO GARCÍA, J.H., *Ob. cit.*, nota 3, p.46.

jurídicas de aquel. Es, pues, una cláusula que sale del ámbito u órbita del derecho común, por ser notablemente excesiva o exagerada, para entrar en el ámbito del Derecho administrativo; se desprivatiza para publicitarse, se despoja de los rasgos del Derecho civil, que no la tolera, para vestir el ropaje del Derecho administrativo, que si la admite.

Finalmente, la jurisprudencia nacional[133], dentro de los criterios utilizados para conceptuar el contrato administrativo, ha utilizado la teoría de la cláusula exorbitante que, como su propio nombre lo indica, alude a estipulaciones creadoras de privilegios de la Administración que rompen el principio de igualdad de las partes en la contratación. En tal sentido ha considerado "como tales las que consagraban en el convenio a favor –y aún en contra– de la Administración un régimen excepcional por comparación al de Derecho privado"[134]. De esta forma se estaría en el caso de que las partes –una de las cuales es la Administración Pública– han manifestado su voluntad de sustraerse al Derecho común insertando cláusulas que lo deroguen (cláusulas exorbitantes)"[135].

Desde entonces, la corriente doctrinal nacional advirtió la presencia de las denominadas cláusulas exorbitantes, esto es, por estar fuera de la "órbita" o del campo del Derecho común (LARES MARTÍNEZ)[136], y donde a su vez también se creyó encontrar un criterio esencial para la calificación del contrato administrativo. Lo determinante vendría a ser ahora la presencia de las llamadas "cláusulas exorbitantes"[137], "cláusulas derogato-

---

[133] Véase CSJ/SPA, de fecha 27 de enero de 1993, caso *Hotel Isla de Coche II.*

[134] Véase caso *Acción Comercial S. A.*

[135] Véase Sent. de la CSJ/SPA, de fecha 11 de agosto de 1983, caso *Cervecería de Oriente, C.A.*

[136] LARES MARTÍNEZ, E., *Manual de Derecho Administrativo*, XIV Edición, UCV, Caracas, 2013, p. 315.

[137] *Vid.* Sent. del TSJ/SPA, de fecha 4 de julio de 2002, caso *Constructora Coime, C. A.*; Magistrado-Ponente: Y. Jaimes Guerrero.

rias" o "facultades exorbitantes" cuya presencia coloca a la
Administración Pública en una situación de ventaja y privilegio
frente al particular y que de ordinario resultan extrañas en las
relaciones entre particulares[138] y, por tanto, no tendrían paralelo
en el Derecho privado y que no serían más que las prerrogativas de poder público, potestades de la Administración Pública
o, simplemente, las potestades administrativas contractuales.

§34. **Criterios** — Por otro lado, MODERNE[139] sostiene que es
inútil dar una lista de estas cláusulas porque a la larga resultaría
necesariamente incompleta y provisional, y tampoco la doctrina
y la jurisprudencia resultan de interpretación fácil en esta materia. Por su parte, DE LAUBADÉRE[140] sostiene que, sin embargo, se
pueden extraer de la noción las ideas o criterios dominantes
siguientes:

  a. La cláusula exorbitante resulta en ciertos casos del juego
     de referencias estipuladas por las partes dentro del con-
     trato.

  b. La cláusula exorbitante se corresponde frecuentemente
     a la de prerrogativa exorbitante, pero, sin embargo, in-
     suficientemente definida por esta.

  c. La cláusula exorbitante es aquella cláusula que sería
     imposible o ilícita dentro de los contratos entre particu-
     lares, o también sería una cláusula inhabitual dentro de
     los mismos.

  d. Por último, la cláusula exorbitante puede ser, también de
     una manera general, aquella que aparece como específica
     del Derecho público y como llevando la "marca" de ese
     derecho, por el hecho de su contenido y su objeto.

Al respecto podemos señalar que no se trata de un mero
prurito de autonomía del contrato administrativo, sino de la

---

138   ORTIZ-ÁLVAREZ, L., y MASCETTI, G., *Ob. cit.*, nota 101, p. 20.

139   MODERNE, F., *Ob. cit.*, nota 34, p. 518

140   DE LAUBADERE, A., MODERNE, F. et DELVOLVÉ, P., *Ob. cit.*, nota 37.

realidad de un régimen jurídico autónomo y, por ende, distinto del Derecho común o privado (que, por cierto –insistimos– en ello consiste la sustantividad de las categorías jurídicas), que es consecuencia de su naturaleza pública. Especificidad que no la hace el cuadro conceptual del Derecho privado sobre cuyo ámbito ha crecido, pero si desde las llamadas por García de Enterría modulaciones significativas que desde el Derecho administrativo les dan soluciones propias y peculiares a muchos de sus problemas. Porque sólo desde los principios específicos del Derecho administrativo –se insiste– podrán resolverse con acierto las cuestiones que plantea el contrato que celebra la Administración Pública.

De ahí que entre las diversas categorías jurídicas en que se manifiesta la actividad administrativa formal, el contrato administrativo se presenta como una especie del género contrato, y cuya especificidad está dada por su régimen jurídico y se revela en el sincretismo o pluralidad de sus elementos, caracteres y efectos.

A estos contratos administrativos se les aplica en todo caso:

a. Un régimen típico del Derecho administrativo (Cassagne)[141], o al menos preponderantemente de Derecho público (Brewer-Carías)[142].

b. Se les da un tratamiento singular distinto que a los calificados de Derecho común o privado.

c. Entran en juego las prerrogativas de poder público o potestades administrativas contractuales (que se consideran implícitas en los mismos a falta de una cláusula que las mencione expresamente).

d. Y, por último, la competencia de los tribunales contencioso-administrativos.

---

141 Cassagne, J.C., *Ob. cit.*, nota 11, p. 4.
142 Brewer-Carías, *Ob. cit.*, nota 9, p. 34.

§35. Sentido contemporáneo — El contrato público en general, y el contrato administrativo, en particular, son, ante todo, una modalidad específica de la actividad de intervención administrativa, cualitativamente diferente de otras, por lo que ello entraña unas determinadas consecuencias generales sobre el plano del régimen jurídico aplicable a las actividades afectadas, con lo cual nos encontramos con un dilema semejante al del huevo y la gallina: ¿Es el la cláusula exorbitante en concreto un elemento de la definición del contrato administrativo? o, más bien, ¿es una consecuencia de la calificación de un contrato como administrativo?

GARCÍA DE ENTERRÍA[143] sostiene que toda esta polémica se alimenta sobre la inicial contradicción que parece darse al pretender insertar en los contratos administrativos la figura *par excellence* del Derecho administrativo, figura que parecería difícilmente conciliable con los principios que tradicionalmente vienen marcando al Derecho público: el principio de legalidad y el principio de competencia.

Al respecto se señala que en el caso de las declaraciones formales del contrato administrativo se ha de primar el régimen jurídico concreto al que se le somete por encima de las especulaciones doctrinales. Por tanto, las propias características del contrato administrativo provocarían la sujeción –al menos de manera preponderante- a un régimen jurídico estructural, indicándose tradicionalmente con ello, la sumisión o dependencia bajo grados diferentes, según los casos, de los contratos administrativos a un "régimen jurídico derogatorio del Derecho común" o "del Derecho privado" o, más aún, un "régimen exorbitante del Derecho común" (también denominado criterio normativo) que, en principio, será válido para la generalidad de los contratos administrativos conocidos. La especificidad del contrato administrativo sería, por tanto, no material o sustantiva, sino jurídica.

---

[143]   GARCÍA DE ENTERRÍA, E., Y FERNÁNDEZ, T.-R., *Ob. cit.*, nota 3, t. I, p. 689.

Se puede, incluso, señalar que el contrato administrativo es en sí un régimen jurídico, esto es, el denominado "Derecho de los contratos administrativos" (L. RICHER)[144].

Sin embargo, con relación a este último elemento formal, un sector de la doctrina francesa específicamente se resiste a tomar en consideración el régimen jurídico como elemento de la definición del contrato administrativo al estimar, no sin cierta razón, frente a la lógica jurídica, que el régimen jurídico específico es más una consecuencia de la presencia de la misión de servicio público que una condición de su existencia (J. RIVERO, DE LAUBADÉRE)[145].

En consecuencia, el problema central dirá MEILÁN GIL[146], es ver hasta qué punto la construcción de un contrato administrativo se independiza de las normas y principios del Derecho Civil. Que en algunos casos esos matices son deudores del concepto doctrinal del Derecho administrativo en el que la Administración Pública es el elemento clave con referencia a su "giro o tráfico". Pero que llámese así, interés público, función pública, servicio público, servicio al ciudadano o de cualquier otra forma que justifique la existencia del poder público en la organización de la convivencia, existe una finalidad pública, con fundamento en el bien común, la felicidad de los ciudadanos o el servicio al interés general, que explica que existan particularidades en los acuerdos a que el Poder celebre con los súbditos o los ciudadanos a lo largo de la historia, en regímenes políticos y sistemas constitucionales diferentes, que se dote, en fin, a los correspondientes contratos de un régimen jurídico especial.

---

144 RICHER, L., *Droit de contrats administratifs*, 2éme edition, LGDJ, Paris, 1999.
145 RIVERO, J. y WALINE, J., *Ob. cit.*, nota 52, p. 385; y DE LAUBADERE, MODERNE, F. et DELVOLVE, P., *Ob. cit.*, nota 37, p. 229.
146 MEILÁN GIL, *Ob. cit.*, nota 17, p. 148.

De ahí que G. Ariño Ortiz[147] haya afirmado lapidariamente que el contrato administrativo no es una *esencia* sino una *existencia* histórico-jurídica.

§36. Naturaleza jurídica — Al respecto podemos señalar que ya sea que constituyan cláusulas que sean "exorbitantes del Derecho común", o ya sea que constituyan simplemente potestades administrativas contractuales normales y comunes del Derecho administrativo configuran, sin embargo, un régimen jurídico especial, pero a la vez normal de Derecho público. Son cláusulas que el particular nunca podría insertar en sus contratos, porque postulan la actuación del Poder Público en la contratación pública.

Por su parte, según pronunciamiento del Consejo de Estado francés[148], cláusula exorbitante sería una estipulación que tiene por objeto conferir a las partes derechos o crearles obligaciones, extrañas por su naturaleza a aquellas que son susceptibles de ser libremente consentidas en el marco de las leyes civiles y comerciales. La cláusula exorbitante confiere carácter administrativo al contrato estipulado por una persona pública, aunque si tal contrato no se relacione con el Derecho público (Vedel)[149].

Al respecto debemos de acudir de nuevo a las enseñanzas De Laubadére[150], cuando sostiene que las cláusulas exorbitantes caracterizan al contrato administrativo por ellas mismas, del hecho de que son exorbitantes en función, precisamente, por cuanto "por definición las cláusulas exorbitantes constituyen elementos de derecho público" y, por consiguiente, las cuestiones que levanta su interpretación y aplicación serán también "cuestiones de derecho público".

---

[147] Ariño Ortiz, G., *Comentarios a la Ley de contratos de las Administraciones públicas*, t. I, Comares, Granada, 2002, p. 22.

[148] Véase *Conseil d´Etat*, Sect. 20 octobre 1950, Stein, Rec. 505; y 26 févr. 1958, *Compagnie des mines de Falimé-Gambie*, Rec. 128.

[149] Vedel, G., *Derecho administrativo*, Ed. Aguilar, Madrid, 1980, p. 191.

[150] De Laubadere, A., Moderne, F. et Delvolvé, P., *Ob. cit.*, nota 37, t. I, p. 212.

En otras palabras, son exorbitantes, en general, las cláusulas que llevan una marca o sello administrativo en el sentido de que han sido inspiradas en consideraciones de interés general y, por tanto, no susceptibles de manifestarse en los contratos entre particulares. Es por ello que las cláusulas exorbitantes traducen en los hechos una prerrogativa de poder público. El Estado no puede prescindir de su carácter de "Poder Público" ni aún en sus relaciones contractuales y, si no impone como poder público el contrato, impone a quien quiera contratar con él condiciones que dejan a salvo ese poder público dentro del sistema de contratación pública.

§37. Teoría del régimen administrativo — Es muy cierto que, en principio, el modo de expresión de la Administración Pública es el acto administrativo, mediante el cual ordena, manda, sanciona, etc., supuestos todos en los que actúa como poder público y ejerce su autoridad. En otros supuestos necesita contar con el concurso de la iniciativa privada, y entonces acude al contrato. Ambas manifestaciones son, en un Estado de Derecho, ejecución de la norma para la realización de los fines del Estado. Ahora, la elección por parte de la Administración Pública de una u otra modalidad de realización de los fines esenciales del Estado estará en función de la mayor eficacia y la capacidad de cada Estado.

Al respecto se señala que, sobre el sentido y alcance de la teoría de la cláusula exorbitante, las opiniones doctrinales han estado lejos de ser unánimes. Las consecuencias de la opción por una u otra concepción, trascienden el plano de lo especulativo y adquiere dimensiones bien concretas. Optar, por ejemplo, por una noción absoluta o autónoma del poder de la Administración Pública para incluir cláusulas exorbitantes, en función de no perjudicar en interés público ínsito en el contrato, implicará la posibilidad de que la Administración Pública pudiere invocar cualquier potestad que considere adecuada para este fin y de hacerlo a través de la cláusula exorbitante que prefiriere. En esta concepción primaria hay una primacía de una pretendida prevalencia del interés público.

Al respecto debemos señalar que el criterio de las cláusulas exorbitantes, juntamente con la circunstancia de que el contrato se vincule de manera directa e inmediata con la realización de un servicio público, han servido –en cada momento y cada país– para caracterizar en general a un "contrato administrativo" o "contrato de Derecho público", pero como vimos ha sido luego puesto en duda, orientándose la doctrina hacia la aplicación del criterio de "régimen exorbitante" o régimen administrativo típico o de Derecho administrativo común y normal.

En efecto, con esta expresión se aludía en sus comienzos a las cláusulas exorbitantes, sin embargo, como lo resaltó DE LAUBADÉRE, y tuvimos oportunidad de referirlo más arriba, con el tiempo se pasa a hablar del "régimen jurídico exorbitante del derecho privado", "régimen jurídico-público", "régimen jurídico típico y peculiar", o con mayor precisión y rigor técnico del "régimen administrativo" (CASSAGNE), o del sistema de Derecho administrativo en razón, precisamente, de que las cláusulas y las consecuentes potestades administrativas contractuales son un efecto jurídico de dicho carácter administrativo de la técnica contractual y, en cualquier caso, no convierten al contrato de Derecho privado en administrativo, ni habilitan –en forma genérica ni mucho menos implícita– al ejercicio de prerrogativas de poder público que acompañan al régimen *iusadministrativo*, aplicable a la actividad administrativa de los órganos y entes públicos del Estado. Las prerrogativas de poder público tienen efectos *ex lege* y no *ex contractus*[151].

---

[151]   DE LAUBADERE, A., MODERNE, F. et DELVOLVÉ, P., *Ob. cit.*, nota 37, t. I, pp. 229 y ss.; VEDEL, G., *Ob. cit.*, nota 149, p. 191; CASAGGNE, E, *Ob. cit.*, nota 131, pp. 18 y ss.; ENTRENA CUESTA, R., "Consideraciones sobre la teoría de los contratos de la administración", en *RAP* N° 42, Madrid, 1983, pp. 63 y 64. VILLAR PALASÍ, J.L., *Ob. cit.*, nota 4, t. III, p. 26; BOQUERA OLIVER, J.M., "La caracterización del Contrato Administrativo en la recurrente jurisprudencia francesa y española", en *RAP* N° 23, Madrid, p. 193; LAMARQUE, J., "Le déclin du critère de la clause exorbitante", en *Mélanges Waline*, Paris, 1974, pp. 497 y ss.

En definitiva, insistimos, lo que caracterizaría al contrato administrativo sería el criterio del "régimen exorbitante" (Cassagne)[152].

Así las cosas, la denominada cláusula exorbitante o más preferiblemente potestad administrativa contractual, en principio, es un efecto o consecuencia del régimen administrativo o del sistema de Derecho administrativo normal y común (antes "régimen exorbitante del Derecho común"). Su existencia produce las consecuencias siguientes (M. Galli Basualdo)[153]:

a. No genera prerrogativas de poder público genéricas a favor de la Administración Pública.

b. No dispara la aplicación de régimen administrativo al contrato de Derecho privado, que seguirá conservando su naturaleza propia.

c. Ni convierte en administrativo a un contrato de Derecho privado, ya que es obvio que, en virtud de su objeto, naturaleza y finalidad, este habrá de estar regido por el Derecho civil o comercial, según sea el caso.

Y es que las prerrogativas de poder público o del Estado (potestades administrativas) emanan solo y nada más que del ordenamiento jurídico-administrativo (*ex lege*), y en modo alguno de la intención, el acuerdo o la voluntad de las partes del vínculo contractual (*ex contractus*) (Galli Basualdo)[154], y agregamos, en virtud del principio de legalidad y del principio de la competencia (Araujo-Juárez)[155]. Ello es máxime después del dictado del régimen de contratación pública que entró en vigencia con la promulgación de la LCP.

---

152   Cassagne, J.C., *Ob. cit.*, nota 131, pp. 18 y ss.
153   Galli Basualdo, M., "El contrato de derecho privado de la administración", en *Tratado General de los Contratos Públicos*, t. I, p. 391.
154   Galli Basualdo, M., *Ob. cit.*, nota 153, p. 391.
155   Araujo-Juárez, J., *La nulidad del Acto Administrativo*, Paredes Ediciones, Caracas, 2016.

A la misma conclusión se llegaría, si partimos como lo hace GARCÍA DE ENTERRÍA[156], del planteamiento que los contratos administrativos no están exentos de equívocos. En efecto, sostiene que se ha de notar que los contratos o convenios de la Administración Pública en general, no habilitan poderes que ella no tenga de antemano. Que solo recubren simplemente con un "manto negocial" el ejercicio de las potestades de intervención en el campo contractual que la Administración Pública viene utilizando tradicionalmente, que seguiría estando habilitada por la ley para ejercitar y a las que, contra lo que suele creerse, no ha renunciado.

Al respecto se puede señalar que cierta originalidad revelan nuestra doctrina y jurisprudencia al concebir las llamadas cláusulas exorbitantes que suelen aparecer en los contratos como efecto –y de ninguna manera como causa– del servicio público objeto de la contratación pública, y así aparece en efecto de la decisión de la CSJ al referirse en los términos siguientes: "Característicos de éstos la noción de servicio público, inspirada en el interés general cuya consecuencia preside la actuación administrativa, queda dicha finalidad puesta en evidencia cuando cláusulas exorbitantes del derecho común aparecen en ellos, bien consignadas por las partes o, mejor aún, derivadas de un imperativo legal"[157].

Por tanto, se advierte que, así como la potestad administrativa en general es consecuencia de una previa habilitación legal, también la consecuente potestad administrativa contractual, no es causa, sino efecto y consecuencia de previas habilitaciones y sobre todo, de manera especial, colofón de la existencia de un Ordenamiento jurídico–administrativo que demanda la necesidad del principio de continuidad de la satisfacción del interés general encomendado a la Administración Pública.

---

[156] GARCÍA DE ENTERRÍA, E., y FERNÁNDEZ, T.-R., *Ob. cit.*, nota 3, t. I, p, 697.

[157] Véase Sent. del TSJ/SPA, de fecha 11 de julio de 1983, caso *Acción Comercial*. En el mismo sentido CSJ/SPA, de fecha 1 de abril de 1986, caso *Hotel Isla de Coche I*.

Así las cosas, desde el instante mismo en que admitimos la existencia de un Ordenamiento jurídico administrativo general, y dentro del mismo de un sub-ordenamiento referido a la actividad contractual publica –sistema de contratación pública o estatal– hay que concluir admitiendo también la existencia de una potestad administrativa contractual específica, que se traduce en que la Administración Pública haya sido habilitada con prerrogativas de poder público o potestades propias del Derecho público, y que determina el que en numerosos casos pueda incidir sobre las personas, sean externas a la misma, esto es, a cualquier administrado –simple–, o bien sea un administrado ligado a la Administración Pública por medio de una particular relación –cualificado–, como el contratista y, en general, cualquiera que sea admitido a un sector, instituto o al goce de una obra pública o gestión de servicio público.

La Administración Pública, por consiguiente, ejercerá la potestad administrativa contractual cuando se pueda perjudicar el interés público ínsito en el contrato respectivo. Si a la Administración Pública le fuere negada esta potestad administrativa contractual se incurriría en el peligro que apunta BERCAITZ[158], es decir, el de perjudicar dicho interés público.

Es evidente, entonces, que el fundamento de la potestad administrativa contractual reside, según se desprende de lo dicho, del propio Ordenamiento jurídico-administrativo, en virtud del cual la Administración Pública no solamente tiene la potestad normativa, sino también la potestad administrativa contractual, encaminada a dar continuidad y satisfacción al interés público que le ha sido encomendado. Aquí empleamos indistintamente como sinónimas –salvo estipulaciones específicas– las expresiones régimen administrativo, ordenamiento-jurídico administrativo, y en fin sistema de Derecho administrativo.

---

[158] BERCAITZ, M. *Teoría general de los contratos administrativos*, 2ª ed., N° 99, Depalma, Buenos Aires, 1980.

Si además de lo indicado recordamos que la Administración Pública constituye un Poder jurídico[159], obtendremos un reforzamiento en favor del fundamento de la potestad administrativa contractual pues, como se sostiene, la configuración de la Administración Pública como un Poder jurídico (y en tal sentido autosuficiente), postula esta potestad administrativa de las diversas esferas de la Administración Pública incluida, por supuesto, la actividad administrativa contractual. En consecuencia, el fundamento jurídico de la potestad administrativa contractual es paralelo al que justifica la ejecutividad y ejecutoriedad de los actos administrativos: ni la Administración Pública tiene que recurrir a los tribunales civiles ordinarios, ni tampoco a los tribunales de la jurisdicción penal (F. GARRIDO FALLA)[160].

§38. Derecho positivo — El anterior es el planteamiento que adquiere carta de naturaleza en el Derecho positivo. En primer lugar, a partir de la recepción por parte de nuestra jurisprudencia[161] quien sostiene, en primer lugar, que "**la presencia de la Administración** –dadas determinadas condiciones– en el negocio jurídico, **marca a éste, inevitablemente, de características distintas** a las de la contratación ordinaria" y, por tanto, su "regulación queda sometida a reglas especiales distintas de las que rigen los pactos jurídico-privados", esto es, "un régimen excepcional por comparación al de Derecho Privado"[162].

En consecuencia, la jurisprudencia[163] sostiene que los "efectos más genuinos y característicos de ellos consisten en la facultad de la administración de adoptar decisiones ejecutivas sobre el cumplimiento, inteligencia, rescisión y efectos".

---

[159]   Véase ARAUJO-JUÁREZ, *Ob. cit.*, nota 1, p. 196.

[160]   GARRIDO FALLA, F., *Tratado de Derecho administrativo*, t. I, 13ª ed. Tecnos, Madrid, 2002.

[161]   Véase Sent. de la CF, de fecha 12/11/1954, caso *Machado Machado*.

[162]   Véase caso *Acción Comercial S.A.*

[163]   Véase caso *Machado Machado*.

En esta línea de pensamiento, la doctrina[164] sostiene también que por cuanto el contrato administrativo se encuentra asociado a la noción de interés público, en general y más concretamente a la de servicio público, la relación jurídica bilateral que nace entre la Administración Pública y el particular está sometida "preponderantemente a un régimen de Derecho público en su formación, ejecución, control y extinción".

§39. Conclusión — GARCÍA DE ENTERRÍA[165] sostiene que las modulaciones por razón del "giro o tráfico" propio y peculiar de la Administración Pública se manifiestan, en primer lugar, en temas que no tienen relación con dichas exorbitancias o prerrogativas en menos.

En primer lugar, la tipicidad que se expresa en la formulación de los denominados "pliegos de condiciones generales". Se destacan así una serie de reglas o cláusulas especiales en los contratos administrativos que no se encuentran en los contratos privados, y que por las razones expuestas más arriba proponemos sustituirla por la denominación más apropiada de potestades administrativas contractuales propiamente tales.

En segundo lugar, el referido a las derogaciones del Derecho común, precisamente favorables a los contratistas: por ejemplo, en materia de riesgo y ventura y fuerza mayor, revisión de precios y tarifas, los anticipos, etc.

En tercer lugar, tenemos los poderes o prerrogativas de poder público, que serían las cláusulas exorbitantes estrictamente tales que, según los teorizadores originales, harían normalmente ilícito un contrato civil si se llegasen a insertar en él.

---

[164] GRAU, M. A., "Principios Generales de los Contratos Administrativos", en *VIII Jornadas de Derecho Administrativo A. R. Brewer-Carías, Contratos Administrativos. Contratos del Estado*, t. II, Caracas, 2006, pp. 26 y 27.

[165] GARCÍA DE ENTERRÍA, E., y FERNÁNDEZ, T.-R., *Ob. cit.*, nota 3, p. t. I, p. 693.

Así las cosas, el desarrollo que sigue se referirá al tema de la admisión y los límites al ejercicio de las potestades administrativas contractuales durante la ejecución contractual propiamente dicha, la cual ciertamente es la "fase donde con mayor intensidad se pone de manifiesto la preponderancia del régimen de Derecho público en los contratos administrativos"[166], y donde se aprecia la "exorbitancia" que –tradicional e impropiamente– se ha venido sosteniendo como peculiaridad de los contratos administrativos, manifestada por la existencia o la presencia de las potestades administrativas contractuales, según analizaremos a continuación.

---

[166] ORTIZ-ÁLVAREZ, L., *Ob. cit.*, nota 101, p. 26.

CAPÍTULO IV

LAS POTESTADES ADMINISTRATIVAS CONTRACTUALES

§40. Planteamiento de la cuestión — A medida que se fue imponiendo el modelo de Estado de Derecho, las Constituciones comenzaron a desarrollar además de la parte orgánica, la parte dogmática relativa fundamentalmente al catálogo de los derechos y garantías fundamentales, como consecuencia de los cuales, la acción del Estado y de la propia Administración Pública comenzó a encontrar límites formales. El resultado de todo ello fue el proceso de constitucionalización del Derecho en general, y Derecho administrativo y de sus categorías jurídicas en particular, pues dentro del texto constitucional no hay duda que existen regulaciones sobre la organización, funcionamiento y actividad administrativa.

Lo expuesto es la razón por la cual debe quedar siempre encuadrado dentro del marco constitucional, la teoría de la ahora denominada –por las razones expuestas– potestades administrativas contractuales que es, sin duda, uno de los aspectos más característicos del sistema de contratación pública en nuestros días. Pues bien, los límites constitucionales son fundamentalmente los siguientes: (i) el principio de juridicidad; y (ii) el principio de tutela al servicio del interés público; y por último (iii) el principio de eficacia de los derechos fundamentales[167].

§41. Principio de juridicidad — Sostiene J.M. DE LA CUÉTARA[168] que el poder del Estado es conceptualmente único, y por definición irresistible; que tan sólo cuando se fragmenta en dosis medibles y se reparte entre los diversos órganos en que se descompone todo Estado, puede ser dominado por el Derecho y se

---

167 ARAUJO-JUÁREZ, J., *Ob. cit.*, nota 1, pp. 165 a 194.

168 DE LA CUÉTARA, J.M., *Las Potestades Administrativas*, Tecnos, Madrid, 1986, p. 13.

hace operativo en ámbitos concretos. Ahora bien, las potestades administrativas son una clase específica de potestades públicas, y como todas ellas, constituyen un poder reconocido por el Derecho y como todas ellas, también, están conferidas por el Ordenamiento jurídico a determinados centros de poder público, lo que determina que sea precisamente un poder jurídico y no de ninguna otra clase.

En tal sentido, la Administración Pública, como consecuencia del Estado de Derecho de nuestro tiempo, obra *conforme a Derecho*, pues a él debe ajustar su comportamiento en la acción en general, y también en sus relaciones con los particulares devenidos contratistas, por imperativo del denominado principio de legalidad o más propiamente principio de juridicidad[169].

En efecto, constituye una afirmación común de la doctrina, la de que la Administración Pública ni es un reducto soberano ni tiene poderes inmanentes, su legitimidad democrática no deriva de sí misma sino de las potestades públicas que previa y externamente se le atribuyen, pues el mecanismo a través del cual se expresa el principio de juridicidad –que cuando es referido a la Administración Pública se le conoce como principio de legalidad administrativa o de juridicidad administrativa–, es la concesión o atribución de potestades públicas –que por estar referidas a la Administración Pública se adjetivan como administrativas–, y que en definitiva supone la constitución del título que habilita su actuación y define los límites y fines del ejercicio del Poder Público[170].

Y es que la Administración Pública no está integrada por órganos soberanos sino por órganos cuya soberanía, autoridad y poder, son concedidos por otros órganos del Estado. Esta es una de las claves de la cláusula constitucional de Estado de Derecho.

---

169 ARAUJO-JUÁREZ, J., *Ob. cit.*, nota 1, pp. 187 y 188.
170 Véase Sent. del *TSJ/SPA* (1724), de fecha 27 de julio de 2000, *RDP* N° 83, p. 105.

De ahí que la atribución de potestades públicas se conecta, pues, con el principio de juridicidad haciendo aparecer el Derecho bajo un doble aspecto: como límite y como condición de la función administrativa[171].

En efecto, el principio de juridicidad actúa, por un lado, como límite al encuadrarse y delimitarse el espacio que contienen las potestades o prerrogativas públicas de la Administración Pública, la cual no puede dictar actos o disposiciones contrarios al Derecho ni, por supuesto, realizar actividades de cualquier naturaleza contrarias a lo dispuesto en él; también lo es en cuanto el Ordenamiento jurídico delimita un sector que sólo puede ser regulado por una norma de rango legal: el principio de la reserva legal.

Pero por otro lado el principio de juridicidad también actúa como condición, ya que la Administración Pública sólo puede hacer aquello que está permitido, es decir, es necesario los apoderamientos, las habilitaciones para que pueda obrar (M. MATEO)[172], a través de sus diversas formas jurídicas reconocidas y sólo a través de ellas, y en nuestro caso el contrato de la Administración Pública, contrato público o del Estado.

Y es que se trata las potestades administrativas de una parcela del poder público general, totalmente juridificada, funcionalizada al servicio de fines concretos y fraccionada en "dosis medibles" (DE LA CUETARA)[173]. Del mismo modo las que se reconocen y ejercen en el ámbito de la contratación pública, esto es, las potestades administrativas contractuales, no son un prerrogativa y mucho menos un privilegio, en tanto poder considerado en sí mismo, como se le conocieron en el Antiguo Régimen y que un amplio sector de la doctrina continúa denominándolas así sino que, por el contrario, son poderes mensu-

---

171   CARRÉ DE MALBERG, C., *Teoría General del Estado*, FD-UNAM, México, 1998, p. 450.

172   MATEO, M., *Manual de Derecho Administrativo*, 23ª edición, Thomson-Aranzadi, Navarra, 2004, p. 7 y 75.

173   DE LA CUÉTARA, J.M., *Ob. cit.*, nota 168, p. 13.

rables y, por consiguiente, meros instrumentos normales para el cumplimiento de los fines esenciales del Estado. Por tanto, que la ley ha de definir también las potestades públicas de la Administración Pública, esto es, las potestades administrativas incluidas, por supuesto, las contractuales, es una condición del principio de juridicidad, según se desprende del Art. 137 de la C.

Así las cosas, el principio de sometimiento pleno de la Administración Pública a la ley y al Derecho se consigue por dos vías:

a. Cuando el legislador dicta normas delimitando las esferas jurídicas subjetivas tanto de la Administración Pública como la de las personas; se determina así el conjunto de potestades administrativas de que la Administración Pública dispone y, al mismo tiempo, aparece el límite de la función administrativa.

b. Y mediante el dictado por el legislador de una serie de normas de acción, que señala a la Administración Pública, los fines y los modos de actuar para conseguirlos.

En este orden de ideas, los límites de la función de la Administración Pública y del campo de acción de las personas públicas en general deben ser definidos por el Derecho de una manera satisfactoria. De ahí que como enseña MOLES CAUBET[174], toda regla atributiva de poder, en tanto que poder de mando, es la clásica *potestas* –equivalente al *imperium* o a la *auctoritas,* diferenciándose así del derecho subjetivo *(ius)*– y postula, necesariamente, además del *quién* (órgano), el *qué* (contenido) y el *cómo* (procedimiento).

En tal sentido, el principio de concesión o atribución de potestades administrativas es un concepto técnico jurídico que es

---

[174] MOLES CAUBET, A. "El principio de legalidad y sus implicaciones", en *Estudios de Derecho Público*, UCV, Caracas, 1997, p. 333.

el efecto propio del principio de legalidad o de juridicidad (J.
PALMA JARA)[175].

En tal sentido, el Art. 141 de la C reafirma el principio de legalidad o de juridicidad, cuestión que no es ociosa dadas las dudas que, históricamente, se han originado sobre la legalidad de las potestades que ejerce la Administración Pública dentro de la actividad administrativa contractual. Este aspecto que se destaca en el precepto es la faceta relacional típica en que se manifiesta la Administración Pública. Como se establece expresamente en la citada norma constitucional, la Administración Pública deberá actuar "con sometimiento pleno a la ley y al derecho".

En consecuencia, el principio de juridicidad se constituye en el fundamento mismo de la función administrativa general, y de la actividad administrativa contractual en concreto, de modo que la Administración Pública solo podrá actuar como tal, cuándo, cómo y en la medida en que lo haya prescrito el Ordenamiento jurídico-administrativo.

§42. Principio de tutela al servicio del interés público — Otro aspecto de la concepción constitucional de la Administración Pública son los fines de interés público. El interés público es la razón de ser de la Administración Pública. Hemos hablado del principio de tutela al servicio del interés público como la traducción al Derecho administrativo de la idea filosófica del "bien común"[176]. Es, pues, el interés público una actividad tan relevante que el Estado la tituraliza, incluyéndola entre los fines esenciales que debe perseguir necesariamente. Es el mismo interés colectivo o común colocado por el Estado bajo su esfera jurídica, asumiéndolo bajo un régimen de Derecho público. De ahí que señalamos junto con ALESSI[177] que sería una *contradictio in terminis* hacer aparecer al Estado, que es la expresión jurídica

---

175 PALMA JARA, J., *Consideraciones sobre el contenido del principio de la legalidad administrativa,* ADA, Santiago de Chile, 1975/1976.

176 Véase ARAUJO-JUÁREZ, J., *Ob. cit.*, nota 1, pp. 152 y 153.

177 ALESSI, R., *Instituciones de Derecho Administrativo,* t. I, Trad. de la 3ª edición italiana, Bosch, Barcelona, 1970, p. 183.

de la colectividad, cono titular de intereses privados. Cuando se reconoce que un interés pertenece al Estado, es necesario, por eso mismo, considerarlo como interés de toda una colectividad, esto es, interés público, en contraposición al interés particular. Y es que el Estado no puede tener más que intereses públicos.

En tal sentido, una de las novedades de la Constitución de 1999 es la del concepto de fines esenciales constitucionales del Estado[178] que se encuentra especialmente en su Preámbulo y en el Art. 3 de la C que consagra entre otros, el "bien común", el "bienestar del pueblo", o el "interés general", que en términos jurídicos se traduce en el "interés público". La exigencia de que la función de la Administración Pública persiga, en todo momento, la realización del interés público fue incorporada a la Constitución de 1961 (Art. 206 de la C)[179], y que reitera el vigente Art. 259 de la C al facultar a la Jurisdicción contencioso administrativa para anular los actos administrativos, incluso por desviación de poder (Art. 259 de la C)[180].

Ahora, no hay duda de que las normas constitucionales que consagran o regulan los fines esenciales constitucionales del Estado condicionan también la teoría de la función administrativa. Así las cosas, la garantía de la satisfacción del interés público es la tarea o misión más inmediata del Estado por órgano de la Administración Pública, porque de acuerdo con el nuevo paradigma constitucional, el fin esencial último es la persona y sus derechos fundamentales. Por ello su referencia central es elemento clave para caracterizar al Derecho administrativo contemporáneo, que ha de tener presente esta

---

[178] ARAUJO-JUÁREZ, J., *Ob. cit.*, nota 1, pp. 150 y 151.

[179] Véase Sents. de la CPCA, de fecha 14 de junio de 1982, en *RDP*, N° 11, p. 134; 13 de agosto de 1986, en *RDP*, N° 28, p. 92; de la CSJ/SPA, de fecha 15 de noviembre de 1982, en *RDP*, N° 12, p. 134; y N° 825 del TSJ/SC, de fecha 6 de mayo de 2004.

[180] Véase Sents. de la CPCA, de fecha 14 de junio de 1982, *RDP* N° 11, p. 134; 13 de agosto de 1986, *RDP* N° 28, p. 92; y de la CSJ/SPA, de fecha 15 de noviembre de 19-82, *RDP* N° 12, p. 134.

realidad y adecuarse institucionalmente a los nuevos tiempos (RODRÍGUEZ-ARANA)[181].

Ahora, es a partir de la noción de interés público, la matriz desde la cual se deben abordar los profundos cambios que se están operando en el seno del Derecho administrativo contemporáneo, por lo que el elemento clave debe estar en lo que debe entenderse, en cada momento, por interés público.

Por otro lado, la Constitución acoge expresamente la distinción entre el interés público y el derecho e interés individual, así como la configuración de estos últimos en derechos fundamentales, derechos subjetivos, intereses legítimos, incluidos los colectivos o difusos (Art. 26 de la C). En tal sentido no hay duda de la posibilidad de oposiciones, interferencias, incompatibilidades o conflictos entre el interés público y el interés individual, que la Constitución resuelve en cada caso estableciendo la prevalencia del primero mediante la limitación o restricción de los segundos, por supuesto, a través de una norma de rango legal, que tiene como fundamento la satisfacción de las justas exigencias morales, de orden público y de bienestar general en la sociedad democrática, conforme lo consagra la Declaración Universal de los Derechos Humanos (29.2) y la Convención Americana de Derechos Humanos (32.2).

Así, en el articulado de la Constitución, las constantes referencias de las distintas manifestaciones de la Administración Pública siempre aluden a un elemento finalista, por ejemplo: el Estado "garantizará" (Art. 19 de la C), el Estado "tendrá la obligación" (Art. 30 de la C), el Estado "protegerá" (Art. 75 de la C), etc., los cuales se logran a través de la Administración Pública. En el ámbito del interés general –o fines esenciales del Estado– opera también la actividad contractual de la Administración Pública. Ahora bien, en el régimen de contratación pública se reconocen innumerables prerrogativas o potestades de poder público o más propiamente potestades administrativas que la

---

[181]   RODRÍGUEZ-ARANA, J., *Ob. cit.*, nota 24, p. 57.

ubicarían, según la jurisprudencia, en un plano de supremacía necesario para el cumplimiento de los mismos[182], y que analizaremos a continuación

§43. Potestades administrativas — La Administración Pública, como toda verdadera institución está constituida a su vez por varios órganos o entes que, armónicamente organizados y como piezas de una gran maquinaria, realizan la función administrativa.

Ahora bien, como toda institución, la Administración Pública está integrada por dos elementos:

a. Un elemento objetivo, material, funcional, o conjunto de actividades que cumplen el fin administrativo, que es el interés público.

b. Y un elemento subjetivo, formal, el poder público, sin el cual no sería posible alcanzar el fin administrativo mencionado.

Ahora, si bien no es posible hablar de que la Administración Pública sea un Poder administrativo paralelo a los de la tríada clásica que conocemos (Poder Ejecutivo, Poder Legislativo y Poder Judicial), no es concebible tampoco a una Administración Pública sin participación en el Poder Público del Estado, poder que, a tal efecto, se fracciona, por así decirlo, en "dosis medidas de poder" que son las potestades administrativas singulares mediante las cuales se realiza la obra administrativa, y desde este punto de vista si es un Poder jurídico (ARAUJO-JUÁREZ)[183].

En efecto, desde distintas perspectivas se ha subrayado el cambio que se ha operado en la concepción contemporánea de la Administración Pública y que tiene base constitucional. La Administración Pública es un Poder jurídico, en cuanto que las referencias que la Constitución contiene revelan el carácter necesario de la misma como elemento de organización del Estado,

---

[182] Véase Sent. N° 104 del TSJ/SC, de fecha 21 de noviembre de 2000.
[183] ARAUJO-JUÁREZ, J., *Ob. cit.*, nota, 1, pp. 159 y 160.

lo cual significa, en otras palabras, su carácter permanente y estable desde el punto de vista de su cometido constitucional dentro del Estado, ligado al ejercicio de la función administrativa que corresponde, en principio y de modo preferente, al Poder Ejecutivo (Art. 136 de la C).

Por tanto, a la Administración Pública se la concibe como un centro o complejo orgánico dotado de prerrogativas de poder público que no poseen las personas –tales como: las de policía, expropiatoria, tributaria, etc.– que ejerce un poder de *imperium* derivado de la soberanía del Estado y que se justifica para el cumplimiento de los fines del Estado fijados por la Constitución, y por último se rige por unas normas y régimen jurídico administrativo típico, esto es, Derecho administrativo común y normal.

Ahora bien, hemos sostenido más arriba, más que de prerrogativas de poder público debería hablarse de potestades de la Administración Pública o potestades administrativas, dentro de los límites y con sujeción a los requisitos y efectos señalados en la ley. En tal sentido, sostiene MEILAN GIL[184], la Administración Pública es titular de potestades administrativas que han de ser consideradas en función del interés público a que se aplican y desde ese fin justificadas y controlables jurisdiccionalmente. Previstas en la ley no son tampoco privilegios, impropios de un Estado social y democrático de Derecho, en el que los derechos fundamentales de la persona ocupan un lugar central y vinculan a todos los poderes públicos.

Ahora bien, siendo el Derecho administrativo el Ordenamiento jurídico que juridifica un específico poder público, sus principios serán directa e inmediatamente aplicables a tal poder, es decir, a las potestades administrativas. Y uno de ellos es el principio de mensurabilidad de toda potestad administrativa, con lo cual se quiere significar que en ningún caso una potestad administrativa puede constituir un poder susceptible de expan-

---

[184] MEILAN GIL, J.L., *Ob. cit.*, nota 17, pp. 171 y 172.

sión indefinida o ilimitada, todo lo contrario, es mensurable siempre (J.L. VILLAR PALASÍ)[185].

Finalmente, en cuanto se busca un baremo para la medida de las potestades administrativas, DE LA CUÉTARA[186] observa que viene a la mente inmediatamente la idea de los intereses públicos, a través de un razonamiento impecable: si la Administración Pública sólo tiene poder para perseguir los intereses públicos, basta con medir el grado de relación con los mismos para conocer el alcance de las potestades administrativas, lo cual no deja de presentar inconvenientes cuando se intenta de precisar la misma noción jurídica de interés público.

El estudio de todo lo antes expuesto da origen a la denominada teoría de las potestades administrativas[187]. Ahora poder, potestad y prerrogativa de poder público son conceptos que expresan la misma realidad.

Así las cosas, las potestades administrativas son medios jurídicos con que cuenta la Administración Pública para desplegar su actividad, y en el caso concreto de la actividad contractual, existen las denominadas potestades administrativas contractuales que analizaremos a continuación.

§44. Potestades administrativas contractuales — Como sostuvo la jurisprudencia, el interés público como categoría jurídica que legitima la actuación de la Administración Pública del Estado[188], y en que se inspiran las normas del Derecho administrativo, justifica ciertas potestades administrativas de las que goza para el cumplimiento efectivo de sus fines[189], que

---

185 VILLAR PALASÍ, J.L., *Apuntes de Derecho Administrativo*, t. I, U.N.E.D., Madrid, 1974, p. 166.

186 DE LA CUÉTARA, J.M., *Ob. cit.*, nota 168, p. 68.

187 DE LA CUÉTARA, J.M., *La actividad de la Administración*, Tecnos, Madrid, 1983, pp. 67 y 68; y *Ob. cit.*, nota 168, pp. 37 y ss.

188 Véase Sent. N° 161 del TSJ/SC, de fecha 1 de febrero de 2002.

189 Véase Sent. de la CSJ/SPA, de fecha 30 de mayo de 1966, GF N° 52, 1966, pp. 108-113.

ubicarían a las autoridades públicas en un plano de superioridad necesario para el cumplimiento de los mismos, denominado principio de supremacía, pero estándole prohibido actuar de forma arbitraria o violar de cualquier manera los derechos fundamentales de las personas[190].

Hoy día, para un sector de la doctrina, la verdadera razón de fondo que justifica la aplicación de las potestades administrativas contractuales está en la relación inmediata del contrato público con las necesidades públicas o, si se prefiere, con los fines de servicio público, cuya responsabilidad de gestión tiene atribuida la Administración Pública, y cuyo gobierno, por consiguiente, debe de atender con todas sus potestades específicas. Y es que la Administración Pública cuando persigue la satisfacción de servicio público, ha de gozar de las potestades administrativas necesarias para ello[191].

En todo caso, GARCÍA DE ENTERRÍA[192] observa que aunque se trate de un formidable poder, este se refiere íntegramente al plano del ejercicio de los derechos, y no propiamente al fondo de los mismos. Quiere decir que la Administración Pública cuenta con un medio formal determinado de ejercitar sus derechos contractuales que realmente exorbita de las facultades propias de los sujetos privados, el medio de la decisión ejecutoria, mientras que paralelamente el particular contratista se ve privado de otros medios que para el ejercicio de sus propios derechos le reconocería el Derecho común o privado.

En tales casos, se está en presencia de verdaderas potestades administrativas que se mueven en un plano superior y supra ordenado al que es propio de la actividad contractual, potestades administrativas que esta nunca ha podido influir o

---

[190] Véase Sent. N° 1401 del TSJ/SC, de fecha 21 de noviembre de 2000.

[191] GONZÁLEZ-VARAS IBAÑEZ, S., *Ob. cit.*, nota 35, p. 576.

[192] GARCÍA DE ENTERRÍA, E. y FERNÁNDEZ, T.-R., *Ob. cit.*, nota 3, t. I, p. 695.

limitar y que pueden romper no solo los contratos de la Administración Pública sino también, y esto le parece decisivo a García de Enterría[193], los contratos ajenos o inter-privatos, donde se puede presentar con absoluta normalidad un "hecho del príncipe": por ejemplo, una expropiación, una alteración legislativa que haga legalmente imposible el cumplimiento o que altere las bases del contrato.

Por último, están las cláusulas exorbitantes o potestades administrativas que afectan a terceros, por oposición al principio de relatividad del contrato privado. Tales son los supuestos de derechos de expropiación, de ocupación temporal, de percibir tasas o tarifas, en favor del contratista, o en favor de terceros. En tales casos, la doctrina ha argumentado que tal trascendencia extra-subjetiva no sería propiamente obra del pacto contractual, sino de la aplicación de las leyes generales (por ejemplo, legislación sobre la expropiación).

Así las cosas, García de Enterría[194] concluye que debe darse por superada la etapa en que los contratos administrativos y los privados eran considerados como realidades radicalmente diferentes y rigurosamente separadas. Que, en el ámbito de la contratación pública, conviven ya sin escándalo el Derecho administrativo y el Derecho privado. Lo que ocurre es que en ciertos contratos directamente vinculados al "giro o tráfico" administrativo, los elementos jurídico administrativos son más intensos que en otros. A estos contratos se les llama contratos administrativos y su conocimiento se le atribuye en algunos sistemas a la Jurisdicción contencioso administrativa.

Ahora, la diversidad de fines, sostiene Cassagne[195], se particulariza también en las potestades administrativas que, en el marco del principio de equilibrio contractual, exhibe, empero,

---

[193] *Ibídem*, p. 699.

[194] García de Enterría, E. y Fernández, T.-R., *Ob. cit.*, nota 3, t. I, p. 700.

[195] Cassagne, J.C., *Ob. cit.*, nota 11, p. 22.

una situación de desigualdad que el régimen de garantías a favor del contratista procura compensar, al menos en el campo del principio de buena administración o gobernanza. La desigualdad que justifica el ejercicio de las potestades administrativas se hallará siempre conectada a los fines de interés público relevantes concretos que la Administración Pública deberá acreditar en cada caso que pretenda ejercerla, no bastando su alegación. Tampoco implica una relación de subordinación sino de coordinación[196].

Por otro lado, en el ámbito contractual, sostiene CASSAGNE[197], la idea de lo público se vincula, por una parte, con el Estado como sujeto contratante pero, fundamentalmente, su principal conexión es con el interés general o bien común que persiguen, de manera relevante e inmediata, las Administraciones Públicas al ejercer la función administrativa.

En tal sentido, cuando requerimientos del interés público así lo postulan, acude la Administración Pública a la figura del contrato público para asegurarse la colaboración del particular en la satisfacción de determinadas necesidades de interés general. La presencia de la Administración Pública –dada determinadas condiciones– en el negocio jurídico, marca a éste, inevitablemente, de características distintas a las de la contratación ordinaria para asegurar de esta manera que aquella, depositaria del interés general o colectivo, pueda comprometerse sin sacrificio en aras de intereses privados de los contratistas, por importantes –individualmente considerados– que estos parezcan[198].

Así las cosas, la jurisprudencia nacional[199] ha sostenido que el interés público como categoría jurídica que legitima la actua-

---

[196]   *Ibídem*, p. 23.

[197]   *Ibídem*, p. 16.

[198]   Véase Sent. de la CSJ/SPA, de fecha 14 de junio de 1983, caso *Acción Comercial, S.A.*

[199]   Véase Sent. del TSJ/SC N° 161 de fecha 1 de febrero de 2002.

ción de las Administraciones Públicas, y en que se inspiran las normas del Derecho administrativo, justifica ciertas potestades administrativas de que gozan para el cumplimiento efectivo de sus fines[200], que ubican a las autoridades públicas en un plano de superioridad necesario para el cumplimiento de los mismos, denominado principio de supremacía, pero estándole absolutamente prohibido actuar de forma arbitraria o violar de cualquier manera los derechos fundamentales de las personas[201]. En este orden de ideas sostiene Meilan Gil[202], el residuo de desigualdad posicional contractual evidenciado por la potestad – mejor que prerrogativa y más todavía que privilegio– que reconoce la ley se contrapesa por el juego del equivalente económico. En ello consiste, en palabras de Ariño Ortiz[203], una de las peculiaridades de la contratación pública: "la reconstrucción de la desigualdad contractual por vía económica".

En tal sentido se impone a la Administración Pública, además de las reglas exteriores de conducta, "una especie de regla psicológica": la obligación de perseguir en todas sus actuaciones la satisfacción de los fines de interés público, el cual es concreto y determinado o, en todo caso, el genérico de la misión de servicio público o que informa la función administrativa, por lo que no es posible que se ejercite en aras de otro interés por muy estimable que fuere (Art. 12 de la LOPA)[204].

§45. Principio de eficacia de los derechos fundamentales. — Por último, el principio de eficacia (la intangibilidad o inmutabilidad) de los derechos fundamentales, constituye otro de los principios generales del Derecho público, a la vez que es el otro

[200] Véase Sent. de la CSJ/SPA de fecha 30 de mayo de 1966, G.F. N° 52, 1966, pp. 108-113.

[201] Véase Sent. del TSJ/SC N° 1401 de fecha 21 de noviembre de 2000.

[202] Meilan Gil, J.L., *Ob. cit.*, nota 17, p. 169.

[203] Ariño Ortiz, G., *Ob. cit.*, nota 10, p. 16.

[204] Véase Sent. de la CF de fecha 28 de septiembre de 1954, GF N° 5-217.

elemento de carácter jurídico-material de la cláusula de Estado de Derecho[205]. La afirmación de que el Estado de Derecho se caracteriza porque a través del mismo se consigue el sometimiento de la Administración Pública al Derecho, ha de precisarse en el sentido de que esta sujeción no puede constituir un fin en sí mismo sino, simplemente, una técnica para conseguir una determinada finalidad, y que como tal, puede emplearse para perseguir diversas finalidades y de manera principalísima, la eficacia de los derechos fundamentales de las personas.

Ahora bien, el principio de eficacia de los derechos fundamentales exige que todos los órganos que ejercen el Poder Público, y en particular la Administración Pública, actúen respetando y garantizando a todas las personas, el goce y ejercicio irrenunciable, indivisible e interdependiente de los derechos inherentes a la persona humana reconocidos en la Constitución, en los tratados internacionales en materia de derechos humanos o que incluso aquellos que no figuren, expresamente, en dichos instrumentos, así como de aquellos derechos e intereses reconocidos en la ley, los actos administrativos, los contratos celebrados entre los órganos que ejercen el Poder Público y las personas devenidas en contratistas.

Por último, se establece una consecuencia jurídica para aquellos casos en que los derechos fundamentales resulten transgredidos por actos del Poder Público, como es la nulidad absoluta (Art. 25 de la C)[206].

En mérito a lo antes expuesto, se puede concluir en que el rasgo característico del contrato público prevaleciente en el sistema comparado, como el modelo franco-español y, en general, en Iberoamérica, radica en la presencia de prerrogativas de poder público, prerrogativas públicas, o más propiamente potestades administrativas contractuales. En todo caso, sostiene CASSAGNE[207], las potestades administrativas contractuales de-

---

[205]   Véase ARAUJO-JUÁREZ, J., *Ob. cit.*, nota 1, pp. 190 y ss.

[206]   Véase Sent. N° 1264, del TSJ/SC, de fecha 11 de junio de 2002.

[207]   CASSAGNE, J.C., *Ob. cit.*, nota 11, p. 34.

ben reservarse solo para aquellos contratos en los que se halle envuelto, en forma directa e inmediata, el interés público o bien común, excluyendo los que resulten meramente instrumentales a tales fines, y cuyo análisis abordaremos a continuación.

§46. Fundamentación jurídica — En este punto debemos partir de la premisa del hecho que la Administración Pública permanezca como titular del interés público objeto de la contratación pública, lo cual explica que ostenta un conjunto de potestades administrativas contractuales que son típicas de la contratación pública, cualquiera sea la modalidad del contrato público. Tales potestades administrativas constituyen según la terminología empleada al uso "cláusulas exorbitantes virtuales o implícitas", las cuales se entienden incorporadas en todos los contratos administrativos.

Ahora, la presencia de las potestades administrativas de la Administración Pública en el contrato público sólo encuentra su fundamento en el interés público que le es inherente. En efecto, sostuvo nuestra jurisprudencia[208], el motivo por el cual se incluyen y justifican las cláusulas radica en "la necesidad de la Administración de ejercer su potestad de supremacía en una relación contractual específica para así tutelar mejor los intereses que le han sido asignados". Por tanto, el interés público se configura, así como un título habilitante en materia de contratación pública, para intervenir unilateralmente las relaciones contractuales públicas.

También se ha referido la Sala Político-Administrativa del Tribunal Supremo de Justicia[209] a la existencia y fundamento las potestades o cláusulas exorbitantes así:

> Siendo ello así, se impone destacar que si bien en materia de contratos administrativos la Administración confiere al particular la potestad de prestar un servicio público cuya realización debería corresponder, en principio, a aquélla, **esto no quiere decir que el ente concedente se desprende de su po-**

---

[208] Véase CSJ/SPA, de fecha 27 de enero de 1993, caso *Hotel Isla de Coche II*.

[209] Véase Sent. N° 487 de la CSJ/SPA, de fecha 23 de febrero de 2006.

testad de imperio sobre el concesionario, por el contrario, **la mantiene, con fundamento en las potestades o cláusulas exorbitantes** y en función de **la finalidad pública o interés general** que dicho servicio persigue o satisface. (Resaltados nuestros).

Por último, las cláusulas exorbitantes, en tanto que potestades administrativas, siguiendo la tesis del autor español M. DE LA CUETARA[210], se caracterizarían porque son irrenunciables por parte de la Administración Pública. Ahora bien, la potestad administrativa implica no solo una posibilidad de actuación legítima (poder), sino la obligación de actuar en favor del fin para el cual fue concedida (deber). En tal sentido, la Administración Pública no puede convenir sobre el ejercicio de las potestades administrativas, pues estas deben ser ejercitadas cuando concurran las condiciones o requisitos señalados por el legislador para ello. Puede ocurrir que el titular de la potestad administrativa decida ejercerla o no, pero ello depende de su voluntad. Así no podría la Administración Pública obligarse, ser constreñida o condicionada para ejercer las potestades administrativas que se le atribuyen en virtud del régimen jurídico del contrato de concesión de servicio público (por ejemplo, la renovación o prórroga, la extinción unilateral, el rescate anticipado, etc.).

Por otro lado, GARCÍA DE ENTERRÍA[211] sostiene que lo que persigue la Administración Pública en los contratos públicos es satisfacer de la mejor manera posible los fines de interés público. Ahora, para conseguir esos fines, implícitos en el contrato y connaturales al mismo, es necesario el ejercicio de unos poderes administrativos generales, no nacidos del contrato –y tampoco derogables por él–, aunque incidentes en el mismo, para adaptar a las nuevas circunstancias los términos de los pactado, y esta adaptación no puede ser postergada o rechazada por el contratista.

---

[210] DE LA CUÉTARA, J.M., *Ob. cit.*, nota 194, pp. 67 y 68.

[211] GARCÍA DE ENTERRÍA, E. y FERNÁNDEZ, T.-R., *Ob. cit.*, nota 3, t., I, p. 741.

En este orden de ideas, tanto GARCÍA DE ENTERRÍA como MODERNE[212] coinciden en señalar que el más llamativo y penetrante de los poderes, que la potestad pública por excelencia con que la Administración Pública cuenta en los contratos administrativos, es, sin duda ninguna, el privilegio de la decisión unilateral y ejecutoria que la Administración Pública está habilitada legalmente a emplear en la etapa de ejecución del contrato administrativo y aún del privado, previa al conocimiento judicial, que impone al contratista el deber de su cumplimiento inmediato con la consecuente carga de impugnación *a posteriori* en vía administrativa si está disconforme con su ilegalidad o contrariedad a Derecho. Que ese formidable poder no resulta del contrato mismo, sino de la posición jurídica general de la Administración Pública, de su privilegio general de autotutela, de modo que es en sí mismo extracontractual. Esto es, su inserción en el contrato administrativo son la consecuencia y no la causa. Además, se puede observar que tales poderes cuando se ejercitan en el marco de la ejecución contractual, no son inherentes a la simple calidad de la Administración Pública contratante.

Por su parte, CASSAGNE[213] sostiene en lo que concierne a la posibilidad de la autotutela ejecutiva (el llamado privilegio de decisión unilateral y ejecutiva), el sistema argentino prevé, incluso para el acto administrativo, que la ejecutoriedad no conlleva consigo el uso de la coacción que, en principio y por su naturaleza, compete a los jueces. En otras palabras, la autotutela es, por principio de carácter declarativo y solo de un modo excepcional se admite la llamada autotutela ejecutiva, al contrario de lo que acontece en el ordenamiento español. De ese modo el sistema administrativo argentino se aproxima al francés.

Así las cosas, debemos observar con MODERNE[214], que los poderes o potestades unilaterales de la Administración Pública,

---

212   *Ibídem*, t. I, p. 742; y MODERNE, F., *Ob. cit.*, nota 34, t. II, p. 530.

213   CASSAGNE, J.C., *Ob. cit.*, nota 11, p. 25.

214   MODERNE, F., *Ob. cit.*, nota 34, pp. 530 y 531.

cuando se ejercitan en el campo de la etapa de ejecución de la contratación pública, no son inherentes a la simple cualidad de la Administración Pública contratante. Son "poderes normales" de las personas públicas de que estas disponen en el marco de sus "competencias ordinarias", de orden público, y por eso son irrenunciables, siendo estas competencias auténticas misiones confiadas a las autoridades administrativas por el pueblo soberano. La Administración Pública no podría tolerar que un contrato obstaculice el ejercicio normal de sus competencias propias, que prevalecen en todas circunstancias sobre la ejecución escrupulosa de las obligaciones contractuales.

CAPÍTULO V

LA CLASIFICACIÓN DE LAS POTESTADES ADMINISTRATIVAS CONTRACTUALES

§47. Planteamiento de la cuestión − Como cuestión previa debemos partir del criterio jurisprudencial cuando afirma que existe "una neta diferenciación entre el régimen y ejecución de los contratos administrativos y los de Derecho Privado" (caso *Puerto la Guaira*). Desde entonces, la jurisprudencia[215] va a pronunciar una serie de fallos en los que va a darle entrada a la doctrina de las denominadas tradicionalmente cláusulas exorbitantes, al señalar que lo que caracterizaría al contrato administrativo sería, precisamente, "en que la Administración actúa en régimen de prerrogativa, haciendo uso del Poder Público de que está investida, y con fines de utilidad pública, que le son característicos", y donde –se insiste– la diferencia más notoria se encuentra en el paralelo a las normas contractuales comunes y, por supuesto, en el ejercicio de las potestades administrativas contractuales (A. RODRÍGUEZ)[216].

Si en un determinado contrato se observa que la Administración Pública puede modificarlo, sustituir al contratista para ejecutarlo, revocarlo o rescindirlo unilateral y directamente, es decir, sin necesidad de recurrir previamente y para ello a la vía judicial, no cabe duda de que será un contrato diferente a los de Derecho común que celebran los particulares, pues estas cláu-

---

[215]   Véase Sent. del CF, de fecha 3/12/1959.

[216]   RODRÍGUEZ, A., "Ejecución del contrato administrativo: Potestades de la Administración y Derechos de los Contratistas", en *Régimen Jurídico de los Contratos Administrativos*, FPGR, Caracas, 1991. Véase asimismo *in extenso* a HERNÁNDEZ-MENDIBLE, V.R., "La evolución de la contratación pública y las potestades de la Administración Pública", A.A.V.V., *Ley de Contrataciones Públicas*, Colección Textos Legislativos N° 44 (4a. edición actualizada y aumentada), EJV, Caracas, 2014, pp. 205-232.

sulas carecerían de valor por ilegítimas, si se tratase de un contrato de Derecho común, no obstante el principio de la libertad contractual a que alude el Código Civil.

La razón de incluir estas cláusulas exorbitantes en un contrato, es privativa de la Administración Pública, pero su decisión al respecto, como todo lo que se vincula con su actividad, no puede ser arbitraria sino que debe tomársela dentro del ámbito de la legalidad o más propiamente del principio de juridicidad, es decir, que siempre deberá obedecer a un interés público que haya que defender y salvaguardar, como ocurre en todo lo concerniente a los servicios públicos, a los suministros, a la ocupación del dominio público, etc.

§48. Clasificación — M. Bercaitz[217] apuntó las falencias que ostentaba la teoría de las cláusulas exorbitantes, pues no es de las que siempre caracteriza al contrato como administrativo. Que si bien es cierto –sostiene- que su presencia podría hacer de un contrato de Derecho privado un contrato administrativo, pero lo opuesto no es cierto, esto es, su no inclusión no podrá hacer nunca de uno administrativo uno de derecho privado. Que la mayoría de las veces, la inclusión en un contrato por la Administración Pública no será determinante de su carácter, sino de su consecuencia[218]. Que es precisamente por tratarse de un contrato administrativo que las cláusulas exorbitantes del Derecho común estarán incluidas en su texto.

Finalmente, Bercaitz[219] señala que cuando un contrato no contenga cláusulas exorbitantes que permitan catalogarlo como administrativo, deberá estudiarse si su ejecución estricta en la forma pactada podría lesionar un interés público, pues si así fuera, sería igualmente un contrato administrativo ya que, no

---

[217] Bercaitz, M., *Ob. cit.*, nota 158, pp. 215 y 216. En el mismo sentido Escola, H., *Tratado integral de los Contratos Administrativos*, t. I, Depalma, Buenos Aires, 1977, p. 129 y 130.

[218] Escola H, *Ob. cit.*, nota 214; y Comadira, J.P., *Curso de Derecho Administrativo*, t. I, Abeledo Perrot, 2012, p. 731 y 732.

[219] Bercaitz, M., *Ob. cit.*, nota 158.

obstante la inexistencia de las cláusulas exorbitantes, la Administración Pública puede modificarlo, ejecutarlo, revocarlo o rescindirlo por sí y ante sí, directa y unilateralmente.

De ahí que las cláusulas exorbitantes han sido objeto de clasificación así: expresas o formales e implícitas o virtuales. Las primeras son las que se hallan formal y explícitamente incluidas en el contrato. De ellas derivaría el carácter administrativo del contrato de que se trate. Por el contrario, son cláusulas implícitas o virtuales cuando de ellas se sigue también el carácter administrativo del contrato, lo cual requiere una previa determinación de él, porque si no fuera administrativo no tendría cláusulas exorbitantes virtuales.

Al respecto señalamos que también la doctrina nacional (LARES MARTÍNEZ)[220] le atribuye un valor decisivo a la inserción en el contrato administrativo de las cláusulas especiales, derogatorias del Derecho común. Por lo que se refiere a la jurisprudencia[221], en algunas oportunidades ha cuestionado el criterio de la inserción de las potestades administrativas en las cláusulas contractuales, por considerar que la naturaleza del contrato administrativo no puede depender de la voluntad de las partes, pues si así fuere el contrato tendría distinta naturaleza según la voluntad de las partes de incluirlas o no en el texto contractual, lo que sería tanto como confundir causa con efecto; es decir, que las cláusulas exorbitantes aparecerían como consecuencia de la naturaleza administrativa del contrato para un sector doctrinario, lo cual no siempre acontece, por cuanto cabe la posibilidad de insertarlas aún en contratos que nada tienen de administrativos como lo habilita hoy día la propia LCP vigente.

En este mismo orden de ideas se pronuncia también la Sala Constitucional del Tribunal Supremo de Justicia[222] al establecer

---

[220] LARES MARTÍNEZ, E., *Ob. cit.*, nota 136, p. 315.

[221] Véase Sent. (724) de la CSJ/SPA, de fecha 13 de noviembre de 1997, caso *Termaisla S.R.L. C.A.C.*

[222] Véase Sent. N° 1002 del TSJ/SC, de fecha 5 de agosto de 2004, caso *DHL Fletes Aéreos C.A, et al.*

la diferencia entre los contratos administrativos y los de Derecho privado al señalar:

> En relación a [sic] dicho **régimen exorbitante** ha dicho la jurisprudencia de la Sala, que éste puede manifestarse en cláusulas expresas desarrolladas en el documento del contrato, pero que necesariamente debe traducirse en **una serie de prerrogativas o privilegios en favor de la Administración**, inexistentes en las relaciones de derecho privado. (Resaltados nuestros),

Y es que tampoco cuando contrata la Administración Pública, actuando como Poder Público que en definitiva lo es, puede hacerlo como lo que nunca es: un particular, y viceversa. Por tanto, se debe concluir[223] que las potestades administrativas no tienen causa en el contrato público; se trata antes bien de potestades públicas inherentes a la posición jurídica general de la Administración Pública contratante, que inciden externamente sobre la relación contractual.

En el Derecho administrativo comparado, L. RODRÍGUEZ[224] sostiene que en Colombia, los denominados contratos estatales –que serían los administrativos– se caracterizan por la inclusión de algunas cláusulas especiales o excepcionales al derecho común en cuanto a su contenido o en cuanto a sus efectos.

§49. Habilitación de las potestades administrativas contractuales — Tras lo dicho, el análisis debe centrarse ya en nuestro auténtico objeto de preocupación, como lo es la habilitación de las potestades administrativas contractuales, por cuanto el principio de juridicidad expresa en punto a las potestades públicas en general un mecanismo técnico preciso, en el sentido que toda potestad administrativa está necesitada de una cobertura legal específica, y solo la ley apodera, habilita y delimita a la Administración Pública para el ejercicio de potestades admi-

---

223 ARAUJO-JUÁREZ, J., *Derecho Administrativo*. Vol. III, *Acto y Contrato Administrativo*, Ediciones Paredes, Caracas, 2011.

224 RODRÍGUEZ, L., *Derecho Administrativo General y colombiano*, 18ª edición, Ed. Temis, Bogotá, 2013.

nistrativas concretas o singulares, como sería el caso de las que cabría ejercer dentro de los sistemas de contratación pública.

En tal sentido, GARCÍA DE ENTERRÍA[225] señala que la modulación más intensa en los contratos de la Administración Pública se produce, especialmente, durante la etapa de ejecución contractual, donde se reconocen potestades administrativas que no resultan propiamente del contrato, sino de la posición jurídica general de la Administración Pública, de su "privilegio general de su autotutela", de modo que son en sí mismas "extracontractuales". En esta misma línea, lo importante a destacar con las prerrogativas, potestades o poderes exorbitantes o poderes extraordinarios –según BREWER-CARÍAS[226]–, es que los mismos no resultan de los contratos públicos en sí mismos, sino de la posición de superioridad jurídica en la cual se encuentra la Administración Pública contratante como garante del interés público, lo que se aplicaría a los llamados contratos administrativos y a cualquier tipo de contrato del Estado. Es por eso que – concluye– siempre se han considerado tales prerrogativas exorbitantes –o potestades administrativas– como inherentes a la Administración Pública, es decir, que son de carácter implícito a pesar de que no estén establecidos en los contratos públicos[227].

En el mismo sentido, LARES MARTÍNEZ[228] sostiene que no es en razón de las cláusulas exorbitantes expresas o implícitas, sino en virtud de las potestades propias del Poder Público en los contratos públicos, que la Administración Pública puede ejercer distintos poderes en vista de los requerimientos del interés público.

---

225 GARCÍA DE ENTERRÍA, E. y FERNÁNDEZ, T.-R., *Ob. cit.*, nota 3, t. I, p. 697.

226 BREWER-CARÍAS, A. R., "Nuevas consideraciones sobre el régimen de contratos del Estado en Venezuela", en *VIII Jornadas Internacionales de Derecho Administrativo Allan Randolph Brewer-Carías, Contratos Administrativos. Contratos del Estado*, FUNEDA, Caracas, 2006, pp. 472 y 473.

227 BREWER-CARÍAS, A. R., *Ob. cit.*, nota 226, p. 472.

228 LARES MARTÍNEZ, E., *Ob. cit.*, nota 136, p. 320.

Por su parte, la jurisprudencia del fallo Acción Comercial S. A. ha señalado que la presencia de las cláusulas exorbitantes: (i) no hacen otra cosa que revelar con su existencia el interés general que la noción de servicio público entraña; y (ii) que poseen también un carácter extra-contractual, en cuanto que son "consecuencia del principio de Autotutela Administrativa"[229]. Es más, se insiste en que aún "la ausencia de éstas en una negociación pública no significa que el contrato no sea administrativo, en virtud que la especialidad de estos contratos radica en el objeto, que es precisamente la prestación de un servicio público"[230].

Ahora bien, la jurisprudencia nacional[231] sostiene que las cláusulas exorbitantes "son el producto del ejercicio de "poderes extracontractuales", por lo que no requieren estar previstas en el texto del contrato" como consecuencia de la "potestad de Autotutela Administrativa". Por consiguiente, concluye, no muy claramente, que las cláusulas exorbitantes emergen, ya sea de la letra de las estipulaciones contractuales o ya del contexto jurídico general en el cual se insertan.

Al respecto sostenemos que se debe acudir de nuevo a las enseñanzas de GARCÍA DE ENTERRÍA[232], cuando nos explica el mecanismo de la previa innovación normativa para producir la atribución de las potestades administrativas en general, como derivación siempre de un *status* legal, pues resulta inexcusable

---

[229] Véase Sent. (525) de la CSJ/SPA, de fecha 6 de agosto de 1998, caso *Consorcio Aeropuertos del Zulia, C.A.*

[230] Véase Sent. del TSJ/SPA, de fecha 13 de abril de 2000, caso *Promotora Jardlan Calabozo, C.A.*

[231] *Vid.* Sent. (525) de la CSJ/SPA, de fecha 6 de agosto de 1998, caso *Consorcio Aeropuertos del Zulia, C.A.*

[232] GARCÍA DE ENTERRÍA , E. y FERNÁNDEZ, T.-R., *Ob. cit.*, nota 3, t. I, p. 455. En el mismo sentido en la doctrina nacional HERNÁNDEZ, J. I., "El contrato administrativo en la Ley de Contrataciones Públicas venezolana", en A.A.V.V., *Ley de Contrataciones Públicas*, Colección Textos Legislativos N° 44 (4ª edición actualizada y aumentada), EJV, Caracas, 2014, p. 177.

una norma previa y de rango legal que, además de configurar la potestad administrativa, la atribuya en concreto, en razón de lo cual insiste en su origen directo en el Ordenamiento jurídico y no en actos jurídicos determinados, –y agregamos– sean estos unilaterales o bilaterales como los contratos. De modo que, si la Administración Pública pretende iniciar una actuación concreta y no cuenta con potestades previamente atribuidas para ello por la legalidad existente, pues habrá de comenzar por promover una modificación de esa legalidad, de forma que de la misma resulte la habilitación que hasta ese momento faltaba.

Por tanto, como bien sostiene DE LA CUETARA[233], si toda atribución de potestades administrativas debe ser en principio, expresa, resultaría no aceptable la teoría de la "autoatribución de potestades", así como las denominadas potestades "implícitas o inherentes" en razón de que las explicaciones dadas serían insuficientes, así:

a. La idea de "autohabilitación" choca frontalmente con el propio concepto de potestad administrativa, puesto que es inadmisible que nadie –y mucho menos la Administración Pública– pueda autoinvestirse, por sí misma, por su nuda capacidad de querer, de tan específico poder.

b. La consideración de la reserva de ley como "única garantía", hace inadmisible de zonas de libre autocreación de potestades administrativas.

c. Además, de que, si bien de una potestad administrativa surjan derechos y obligaciones concretos, hay que oponer la exigencia lógica de que de la misma no surjan, a su vez, otras potestades administrativas.

d. Finalmente, el ejercicio de potestades administrativas que se consideren inherentes sin utilizar ninguna interpretación extensiva o analógica que por definición están vetadas, en la medida que la atribución de poderes es excepcional por cuanto supone restricciones a la libertad individual.

---

[233] DE LA CUETARA, J.M., *Ob. cit.*, nota 173, p. 80 y 81.

En tal sentido, hemos concluido enfáticamente en otra obra nuestra[234], que no hay duda que las potestades administrativas en la teoría del contrato público, tienen un fundamento *extra contractum* o reconocidas *ex lege* a la Administración Pública contratante, derivadas incluso de la aplicación de los principios generales del Derecho que como potestades públicas justificadas por razones de interés general o interés público, y como tales, evidentemente, son también evidentemente controlables jurisdiccionalmente por su fin.

§50. Cláusulas exorbitantes implícitas — Por otro lado, se observa que la teoría de las cláusulas exorbitantes avanzó en tal forma que algunos de sus partidarios han llegado a considerar que las cláusulas exorbitantes podían incluso ser implícitas, es decir, no figurar en forma expresa en el texto del contrato y, sin embargo, considerarse presentes en el mismo por estar consustanciadas con la naturaleza de la relación jurídica creada. En mérito a lo antes expuesto, y más cuestionable aún, es el criterio jurisprudencial que ha dejado muy en claro que la vigencia de las cláusulas exorbitantes no depende de su inclusión expresa, ya que el Tribunal Supremo de Justicia ha reconocido que también existen "cláusulas exorbitantes implícitas", pues tienen vigencia, aunque no hayan sido expresamente pactadas dentro del contrato administrativo.

En efecto, de la jurisprudencia[235] derivaría la tesis que las potestades administrativas contractuales podrían incluso fundarse como un "poder implícito" de la Administración Pública competente para contratar.

Al respecto debemos rechazar de plano las denominadas cláusulas exorbitantes o potestades administrativas contractuales implícitas. En efecto, es sabido que conforme al sector de la doctrina que recepta el principio de los poderes implícitos, la atribución expresa de cometidos a un órgano público supone

---

[234] Araujo-Juárez, J., *Ob. cit.*, nota 7, p. 405.

[235] Por ejemplo, Sent. de la TSJ/SPA N° 3113 del 19 de mayo de 2005.

implícitamente la atribución de los poderes necesarios para cumplirlas adecuadamente, siempre que el uso de tales poderes no le esté prohibido directa o indirectamente ni esté atribuido expresamente otro órgano público.

Sin embargo, conforme al principio de juridicidad, debemos rechazar muy categóricamente que se pueda fundar el ejercicio de las potestades administrativas contractuales sobre la base de la teoría de los poderes implícitos, es decir, que la Administración Pública dispondría de los mismos sin previa habilitación legal. Y es que el ejercicio de las potestades públicas sólo es posible ante un texto de rango legal claro, expreso y desde luego aplicable al caso concreto.

Al respecto se puede señalar de nuevo la jurisprudencia anteriormente citada del Tribunal Supremo de Justicia, donde confunde la teoría de los poderes implícitos –que repetimos debe proscribirse del Derecho administrativo venezolano–:

> En repetidas oportunidades ha señalado esta Sala que **los contratos administrativos tienen implícitas ciertas cláusulas que sobrepasan las del Derecho Común, porque exceden o superan a lo que las partes han estipulado en el contrato, siempre que sea para salvaguardar el interés general.** En este sentido, los principios de la autonomía de la voluntad e igualdad jurídica de las partes quedan subordinados en el contrato administrativo y es el interés público el que prevalece sobre los privados o de los particulares. Por lo tanto, la Administración queda investida de una posición de privilegio o superioridad, así como de prerrogativas que se consideran consecuencia de las cláusulas exorbitantes y que se extienden a la interpretación, modificación y resolución del contrato. (Resaltados nuestros).

Con el ejercicio de las potestades administrativas contractuales que, insistimos, no son otra cosa que poderes extracontractuales que tienen un fundamento *extra contractum* o reconocidos *ex lege* a la Administración Pública contratante, según ha quedado suficientemente explicado más arriba, es como debería entenderse el alcance de la jurisprudencia siguiente: "las decisiones unilaterales de la Administración Pública en materia de contratos administrativos y que se refieren a la dirección, interpretación, incumplimiento, sanción y extinción de la relación contractual, son **el producto del ejercicio de poderes extracontractuales, por lo que no requieren estar previstos en el texto del contrato**" (resaltado nuestro).

En este mismo orden de ideas, Cassagne[236] sostiene que las prerrogativas de poder público –o las potestades administrativas contractuales– pueden provenir tanto de:

a. El ordenamiento general, en cuyo caso constituyen verdaderas potestades.

b. El pliego de bases y condiciones que, *a posteriori* pasa a integrar el respectivo contrato.

c. Y, por último, del clausulado expreso del acuerdo de voluntades.

Es por eso que Cassagne concluye, asimismo, que las prerrogativas de poder público no pueden ser implícitas –en cuanto violan la prohibición de arbitrariedad– ya que el contratista privado no las puede prever al celebrar el contrato.

§51. Conclusión — Por todo lo antes expuesto podemos concluir, las cláusulas exorbitantes o más propiamente potestades administrativas contractuales no hacen sino revelar que estamos en presencia de "poderes normales" de las personas públicas contratantes, según afirma Moderne[237], que estas disponen en el marco de sus "competencias ordinarias", de orden público, y por eso mismo son irrenunciables, siendo estas competencias auténticas misiones confiadas a las autoridades administrativas por el pueblo soberano. Y es que la Administración Pública no podría tolerar que un contrato obstaculice el ejercicio normal de sus competencias propias, que prevalecen en todas circunstancias sobre la ejecución escrupulosa de las obligaciones contractuales. En este marco y sobre la base de estas concretas advertencias es como puede contemporáneamente com-

---

[236] Cassagne, J.C., *Ob. cit.*, nota 11, p. 24.
[237] Moderne, F., *Ob. cit.*, nota 34, pp. 530 y 531.

prenderse dentro de los sistemas de contratación pública, el alcance y significado preciso de las potestades administrativas contractuales de que dispone la Administración Pública contratante y de la contrapartida del régimen de garantías jurídicas en favor del contratista que el ejercicio de las mismas lleva consigo[238].

Por último, las potestades administrativas contractuales se hacen presente en las distintas etapas de la contratación pública, asunto este que pasamos a tratar de seguidas.

I.   ETAPAS DE LA CONTRATACIÓN PÚBLICA

§52. **Cuestión previa** — La jurisprudencia del Máximo Tribunal consideró como regla esencial en la etapa de formación o formalización y de ejecución del contrato administrativo que comprende desde el perfeccionamiento hasta su extinción, que el interés general del funcionamiento regular (principio de continuidad) del servicio público no debía ser comprometido por el interés privado del contratista. Y entre las razones de esta regla se encuentran:

a. La Administración Pública en los sistemas de contratación pública no actúa como lo que nunca es: un simple particular, sino que lo hace para lo colectividad, para el interés general.

b. Y por el otro, el contratista en cierto modo colaborador directo del servicio público, ha aceptado una subordinación de su actividad al interés general en la buena y la eficaz ejecución del servicio público, caso muy distinto al de los simples contratistas particulares[239].

Por otro lado, la jurisprudencia más reciente de la Sala Político-Administrativa del Tribunal Supremo de Justicia[240] se

---

[238]   *Ibídem.*

[239]   *Vid.* Sent. (00070) del TSJ/SPA, de fecha 8 de febrero de 2012, caso *Banco Provincial, S.A.* y *Banco Universal.*

[240]   Véase Sent. N° 00487 del TSJ/SPA, de fecha 23 de febrero de 2006, caso *Cooperativa de Transporte de Pasajeros Comunidad 93.*

hubo pronunciado también sobre las distintas modalidades de cláusulas exorbitantes o potestades administrativas contractuales que han sido estipuladas en los contratos de concesión de servicios públicos en los términos siguientes:

> En virtud de las aludidas cláusulas [exorbitantes] la Administración queda habilitada, en efecto, a ejercer sobre su co-contratante un control de alcance excepcional, pues en virtud de tal privilegio puede, a la vez, 'decidir ejecutoriamente sobre: la perfección del contrato y su validez, la interpretación del contrato, la realización de las prestaciones debidas por el contratista (modo, tiempo, forma), la calificación de situaciones de incumplimiento, la imposición de sanciones contractuales en ese caso, la efectividad de éstas, la prórroga del contrato, la concurrencia de motivos objetivos de extinción del contrato, la recepción y aceptación de las prestaciones contractuales, las eventuales responsabilidades del contratista durante el plazo de garantía, la liquidación del contrato, la apropiación o la devolución final de la fianza'.

En consecuencia, lo que según la doctrina viene a caracterizar a la contratación pública es precisamente un conjunto original de las todavía denominadas prerrogativas y sujeciones de Poder Público en las etapas de formalización, de ejecución y cumplimiento, y de extinción del contrato público. Un breve análisis de los distintos temas, siguiendo para ello la metodología de agrupamiento, demostrará la certeza de nuestra afirmación. Veamos.

1. *Etapa de formalización contractual*

§53. Planteamiento de la cuestión — Conforme al principio de juridicidad, todos los contratos del sector público deberían estar predeterminados, pues aquel principio rige de manera dominante, frente al principio de autonomía de voluntad del Derecho privado.

En efecto, uno de los problemas que se plantea al definir el contrato público en general y, de manera más concreta el contrato administrativo en particular, está en el equívoco paralelo entre el negocio jurídico privado y el contrato que suscribe el Estado al que se le define con una manifestación de voluntad. Y

es el que el contrato público, si bien constituye un negocio jurídico, no constituye una manifestación de voluntad en su exacto
y preciso sentido jurídico. En efecto, son declaraciones que no
tienen equivalente en el Derecho privado en las relaciones entre
particulares donde, insistimos, la autonomía de voluntad es de
principio.

Al respecto sostiene la jurisprudencia que, en todos los
contratos de las Administración Pública, la aptitud para contratar del particular o sujeto privado y la formación de la voluntad
de los mismos se rigen por las reglas del Derecho privado. En
cambio –afirma– todo lo concerniente a la competencia de la
autoridad contratante y a la formación de la voluntad administrativa está sometido a preceptos de Derecho público[241].

Luego más tarde la jurisprudencia reitera que "la intervención del Estado, su declaración de voluntad y el consentimiento
que de ella emana, se expresan dentro de un proceso formativo
que se desarrolla de acuerdo con la ley y con fundamento en la
observancia de ciertos requisitos"[242], y constituye una suerte de
"acto complejo [sic] que comprende varias etapas, que en su
conjunto y hasta su terminación, configura la tramitación del
caso"[243].

Como resultado de lo anterior, a diferencia de lo que ocurre en el ámbito de las relaciones entre los particulares, cuando
la Administración Pública ejerce la potestad administrativa
contractual, ésta es sólo el producto de lo que verdaderamente
es, un procedimiento administrativo –al cual precisamente se le
califica de contractual– que condiciona y da vida a las relaciones jurídicas, produciéndose los efectos previstos por la ley.

---

[241] Véase Sent. de la *CSJ/SPA*, de fecha 14 de noviembre de 1963, GF,
N° 42, 1963, p. 316.

[242] Véase Sent. de la *CSJ/SPA*, de fecha 30 de junio de 1971, Gaceta
Oficial N° 1481 Extr., de fecha 25 de agosto de 1971, p. 13.

[243] Véase Sent. de la *CSJ/SPA*, de fecha 13 de agosto de 1964, GF N°
45, 1964, pp. 260-262.

Es así como también las denominadas sujeciones de poder público –prerrogativas en menos– aparecen en el estadio de la formalización del contrato público en general. La Administración Pública no dispone de una competencia discrecional para la selección del contratista y debe observar para ello las reglas estrictas conforme lo sanciona la LCP vigente, que consagra las distintas modalidades aplicables en los contratos que constituyen el ámbito objetivo de aplicación dicha ley.

En conclusión, el tema del procedimiento administrativo contractual reviste así una excepcional importancia en el marco de la potestad administrativa contractual, pues la Administración Pública no puede contratar, como lo ha sentado la jurisprudencia[244], sino de acuerdo con la ley y con fundamento en la observancia de ciertas formalidades previstas por el ordenamiento jurídico, lo que supone el seguimiento del cauce procedimental debido regulado por el Derecho administrativo.

2. *Etapa de ejecución contractual*

§54. **Cuestión previa** — Como cuestión previa debemos partir del criterio jurisprudencial cuando afirma que existe "una neta diferenciación entre el régimen y ejecución de los contratos administrativos y los de Derecho Privado" (caso *Puerto la Guaira*). Por tanto, lo que caracteriza al contrato administrativo es precisamente "en que la Administración actúa en régimen de prerrogativa, haciendo uso del Poder Público de que está investida, y con fines de utilidad pública, que le son característicos"[245], y donde –insistimos– la diferencia más notoria se encuentra en las modulaciones a las normas contractuales comunes y, por supuesto, en el ejercicio de las potestades administrativas contractuales (A. RODRÍGUEZ)[246].

---

[244] Véase Sent. de la *CSJ/SPA*, de fechas 14 de diciembre de 1961, GF Nº 34, 1961, p. 188; 30 de junio de 1971, Gaceta Oficial Nº 1481 Extr., de fecha 25 de agosto de 1971, p. 13.

[245] *Vid.* Sent. del CF, de fecha 3/12/1959.

[246] RODRÍGUEZ, A., *Ob. cit.*, nota 216.

Y es que, en cuanto a las potestades administrativas contractuales, ellas se manifiestan, en principio, especialmente en la etapa de ejecución del contrato administrativo que está regida por reglas sin equivalencia en los contratos ordinarios o de Derecho común.

Y es que como sostiene GARCÍA DE ENTERRÍA[247], la modulación más intensa se produce especialmente durante la etapa de ejecución contractual, donde se reconocen potestades administrativas que no resultan propiamente del contrato, se insiste, sino de la posición jurídica general de la Administración Pública, de su privilegio general de su autotutela, de modo que son en sí mismas extracontractuales.

Así las cosas, sostiene GARCÍA DE ENTERRÍA[248], tras una larga evolución, después de haberse agotado la ilusión teórica de una supuesta diversidad radical de naturaleza, se han vinculado a los contratos llamados administrativos un cortejo de prerrogativas o potestades de la Administración Pública contratante, cuyo carácter predominantemente formal, y cuyo sentido, ligado a las exigencias peculiares del "giro o tráfico" administrativo, procederemos a exponer.

En efecto, las denominadas cláusulas exorbitantes fueron pacientemente identificadas por la doctrina partidaria de la tesis expuesta, y en virtud de ese formidable privilegio la Administración Pública puede decidir ejecutoriamente sobre:

a. La perfección del contrato y su validez.

b. La interpretación del contrato.

c. La realización de las prestaciones debidas por el contratista (modo, tiempo y forma).

d. La calificación de situaciones de incumplimiento.

---

[247] GARCÍA DE ENTERRÍA, E. y FERNÁNDEZ, T.-R., *Ob. cit.*, nota 3, t. I, p. 697.

[248] *Ibídem*, p. 742.

e. La imposición de sanciones contractuales.

f. La prórroga del contrato.

g. La concurrencia de motivos objetivos de extinción del contrato

h. La recepción y aceptación de prestaciones contractuales.

i. Las eventuales responsabilidades del contratista.

j. La liquidación del contrato.

k. Y, por último, la apropiación o devolución final de las fianzas de garantía.

Finalmente, GARCÍA DE ENTERRÍA señala que en cuanto se refiere a las prerrogativas o potestades administrativas contractuales de interpretación, modificación y resolución unilateral del contrato, éstas sólo se aplicarán a los de carácter administrativo, independientemente que el reparto jurisdiccional no tome en cuenta esta distinción.

En el mismo sentido se pronuncia la jurisprudencia nacional, al sostener que ellas "son el producto del ejercicio de poderes extracontractuales, por lo que no requieren estar previstas en el texto del contrato" como consecuencia de la potestad de Autotela Administrativa. Por consiguiente, se entienden incorporadas –tácitamente– en todos los contratos administrativos[249].

En efecto, según la jurisprudencia, ellas constituyen un derivado natural de las impropiamente denominadas cláusulas exorbitantes virtuales o implícitas ya tratadas más arriba y, por tanto, se entenderían incorporadas –tácitamente– en todos los contratos administrativos[250], y en cuyo ejercicio se impone siempre el más irrestricto sometimiento al principio del respeto a los derechos fundamentales de las personas.

---

[249] *Vid.* Sent. (525) de la CSJ/SPA, de fecha 6/8/1998, caso *Consorcio Aeropuertos del Zulia, C.A.*

[250] *Vid.* caso *Consorcio Aeropuertos del Zulia, C.A.*

Para el autor LARES MARTÍNEZ[251], el interés principal de la distinción de los contratos administrativos y los contratos de Derecho privado consiste en que en la ejecución de los primeros se aplican "reglas especiales de Derecho público", emanadas de las prerrogativas o potestades propias de la Administración Pública, como representante del interés general, sin perjuicio de la aplicación supletoria de las normas de Derecho privado.

Por último, en los ordenamientos jurídicos, como el venezolano, que reconoce la existencia de prerrogativas de poder público en la ejecución, modificación y extinción de los contratos administrativos, aquellas figuran en normas de carácter general como la LCP, sin necesidad de tener que repetirse en el clausulado de cada contrato. Un breve análisis de las distintas potestades administrativas contractuales, siguiendo para ello la metodología de agrupamiento, demostrará la certeza de nuestra afirmación. Veamos.

§55. Potestad administrativa contractual de dirección y control – La Administración Pública dispone de una potestad administrativa de dirección y control que se traduce en la dirección, vigilancia, inspección e intervención sobre la ejecución del contrato administrativo[252]. Esa potestad es particularmente remarcable, pues se traduce en la competencia de la Administración Pública de dar órdenes e instrucciones de servicio al contratista en cuanto a la forma y modalidades de ejecución de la prestación, suspender la ejecución del contrato y realizar inspecciones y fiscalizaciones, en orden a garantizar el efectivo y fiel cumplimiento en la ejecución del contrato.

§56. Potestad administrativa contractual de modificación – Es sabido que el Art. 1264 del Código Civil consagra el principio de la intangibilidad de los contratos, cuando dispone que las obligaciones deben cumplirse exactamente como han sido con-

<hr>

[251] LARES MARTÍNEZ, E., *Ob. cit.*, nota 136, p. 349.

[252] Véase Sent. de la CSJ/SP, de fecha 13 de febrero de 1997, caso *Venevisión*.

traídas. Sin embargo, en la contratación pública no siempre rige estrictamente, pues se admite la potestad administrativa de modificación unilateral (*potestas variandi* o *ius variandi*) que se funda en los principios de continuidad y de adaptación del servicio público, si bien contiene ciertas limitaciones puesto que su ejecución sólo procede frente a las cláusulas referidas tanto a la organización como el funcionamiento del servicio público, y en ningún caso frente a las cláusulas concernientes a los beneficios económicos del contratista.

Si bien el origen de la potestad contractual de modificación se remonta a la sentencia precursora *Puerto la Guaira*, hoy día es una jurisprudencia constante[253], y finalmente receptada en el Derecho positivo donde se enumeran las razones que pueden constituirse en causa justificante de la modificación del contrato (Art. 106 de la LCP). Es, pues, una potestad administrativa contractual que, como bien lo señala García de Enterría[254], es la más discutible que se expresa en el famoso *ius variandi* o "hecho del príncipe", que permitiría modificar unilateralmente el contrato. Es la que viene enunciándose como la cláusula exorbitante por excelencia en la contratación pública, siendo en efecto "la más espectacular de las singularidades del contrato administrativo en cuanto que apunta directamente a uno de los presupuestos básicos del instituto contractual –*pacta sunt servanda, contractus lex inter partes*–".

Así las cosas, la potestad administrativa contractual de modificación se corresponde a lo que tradicionalmente se conoce como *potestas* o *ius variandi,* la cual ha tenido respaldo en el Derecho positivo, pues la jurisprudencia le reconoce a la Administración Pública la potestad administrativa de modifica-

---

[253] Véase Sent. del *TSJ/SPA,* de fecha 7 de diciembre de 2011, caso *Minera Las Cristinas* –Mincas–; Magistrado-Ponente: E. A. García Rosas.

[254] García de Enterría, E. y Fernández, T.-R., *Ob. cit.,* nota 3, t. I, p. 744.

ción[255], en el sentido que aquella tiene reservadas potestades para introducir variaciones (en más o en menos) en las prestaciones del contratista[256], que le permite modificar –cuantitativa y cualitativamente– de manera unilateral, y dentro de ciertos límites, las obligaciones previstas a cargo del contratista.

En todo caso, la jurisprudencia ha sostenido que la potestad contractual de modificación no puede implicar "que los cambios o rectificaciones sean de tal magnitud que desnaturalicen o cambien sustancialmente la obra o el servicio contratados" (Véase caso *Puerto la Guaira*). Es decir, el objeto del contrato administrativo impide las modificaciones que alteren su esencia o sustancia (CASSAGNE, DE LAUBADERE)[257].

Por último, el sometimiento al principio de juridicidad y al contrato, como *lex inter partes*, justifica que el órgano de contratación sólo podrá introducir modificaciones en el mismo por razones de interés público, con justificación en el expediente. Así, la finalidad de la modificación es atender a causas imprevistas. En tal sentido se ha ido acotando cada vez más la discrecionalidad de la Administración Pública que, como toda potestad de esa naturaleza, difiere del libre arbitrio y es, por consiguiente, controlable jurisdiccionalmente (MEILAN GIL)[258].

§57. Potestad administrativa contractual de interpretación– Asimismo, en el caso concreto de los contratos administrativos, se le ha reconocido a la Administración Pública la potestad administrativa contractual de interpretación unilateral de los contratos administrativos mediante actos administrativos, que

---

[255]   Véase Sent. (144) de la *CSJ/SPA*, de fecha 11 de abril de 1991, caso *Expresos Ayacucho, S. A.*, Magistrado-Ponente: R. J. Duque Corredor.

[256]   JEZE, G., *Ob. cit.*, nota 39, t. IV, p. 233. Véase también Sent. de la *CSJ/SCC*, de fecha 6 de agosto de 1986, caso *Municipalidad del Distrito San Felipe del Estado Yaracuy;* Magistrado-Ponente: C. Trejo Padilla.

[257]   CASSAGNE, J.C., *Ob. cit*, nota 149, p. 106; DE LAUBADERE, A., MODERNE, F., y DELVOLVE, P., *Ob. cit.*, nota 37, t. I, p. 407.

[258]   MEILÁN GIL, J.L., *Ob. cit.*, nota 17, 170.

constituye uno de los efectos más genuinos y característicos de dichos contratos (caso *Machado-Machado*), y que encuentra justificación en el principio de continuidad del servicio público.

Al respecto sostiene MEILAN GIL[259] que desde la perspectiva constitucional del interés general o público resulta discutible que sea necesaria la prerrogativa de la interpretación y resolución de dudas. Que habría que entroncarlas en un auténtico privilegio enlazado con el de la autotutela de la Administración Pública, una construcción doctrinal discutible.

§58. Potestad administrativa contractual sancionatoria — Por otro lado, la potestad contractual sancionatoria es también otra característica de la teoría del contrato público. Ella se ejerce en caso de falta (incumplimiento, retardo, mala ejecución, etc.) durante la etapa de ejecución, sólo una vez que ha sido advertido el contratista, siempre y en todo caso respetándose rigurosamente las formalidades del procedimiento administrativo debido, a los fines de garantizarle al contratista los derechos fundamentales a la defensa y al debido proceso. En efecto, debemos recordar que en desarrollo del principio de juridicidad, el ejercicio de la potestad administrativa sancionatoria en general debe respetar diversos principios generales vinculados con su ejercicio, tales como los principios de tipicidad, irretroactividad, proporcionalidad, etc.[260]

Finalmente, el ejercicio de la potestad contractual sancionatoria procede de pleno derecho y de manera unilateral, siguiendo las formalidades del procedimiento administrativo debido, sin que proceda constatación previa de la falta por parte de juez alguno, como un medio de lograr que el servicio público sea prestado en forma satisfactoria.

---

[259] MEILAN GIL, J.L., *Ob cit.*, nota 17, p. 169.

[260] Véase ARAUJO-JUÁREZ, J., "Derecho Administrativo", Vol. V. *Procedimiento y Recurso Administrativo*, Ediciones Paredes, Caracas, 2010, pp. 54 y ss. Véase asimismo *in extenso* a DANIELS PINTO, A., "Consideraciones sobre el régimen sancionatorio en las contrataciones públicas", en A.A.V.V., *La contratación Pública en Venezuela*, FUNEDA, Caracas, 2015, pp. 75- 149.

Ahora bien, en contraposición con la potestad señalada, la jurisprudencia[261] tradicional señala también que deben respetarse las formas y procedimientos prescritos por el Ordenamiento jurídico positivo para la aplicación de multas administrativas y fiscales. En efecto, se encuentra la garantía del derecho a la defensa en todo estado y grado del procedimiento administrativo, que se desdobla en una serie de postulados, siendo el más importante el relativo a la necesidad de que se notifique al sometido a un procedimiento sancionatorio, la imputación que se le formule, para que tenga cabal conocimiento de las denuncias y acusaciones en su contra, esto es, la celebración del acto de descargo y la posibilidad de fundamentar su defensa, promover pruebas y contradecir las que fueren contradictorias[262], o en fin el incumplimiento del procedimiento administrativo debido[263].

Finalmente, por lo que respecta a las sanciones administrativas contractuales, estas son de muy diversa naturaleza:

a. Unas tienen un carácter meramente *pecuniario* (multas, daños o intereses, cláusulas penales, etc).

b. Otras tiene carácter *coercitivo*, en tanto buscan obtener la ejecución del contrato y permiten a la Administración Pública subrogarse en el contratista que ha incumplido (por ejemplo, la intervención administrativa contractual).

c. Y finalmente existen sanciones *resolutorias* que ponen fin al contrato administrativo sin indemnización alguna (rescisión-sanción), o también denominada "caducidad"[264], la cual procederemos a analizar a continuación.

---

261 Véase Sent. de la CSJ/SPA, de fecha 24 de enero de 1980, caso *Shell de Venezuela Limited.*

262 Véase Sent. de la CSJ/SPA, de fecha 6 de abril de 1995, caso *David Montiel Guillén y otros.*

263 Véase Sent. de la CSJ/SPA, de fecha 18 de junio de 1996, caso *Imagen Publicidad, C.A.*

264 Véase Sent. (373) de la *CSJ/SPA*, de fecha 7/3/1995, caso *Concretera Martín C. A.*

§59. Potestad administrativa contractual preventiva —Sostiene la doctrina[265] que la misma únicamente habilita a la Administración Pública contratante para ejercerla en el supuesto que inicie el procedimiento administrativo con la finalidad de determinar el posible incumplimiento de la ejecución del contrato de obras, no siendo aplicable en caso de supuestos incumplimientos de los contratos de prestación de servicios –comerciales- o adquisición de bienes.

Además, los motivos que justifican la adopción de medidas preventivas son dos supuestos: (i) cuando la obra hubiere sido paralizada; y (ii) cuando exista un riesgo inminente de su paralización. (Art. 130 de la LCP).

Finalmente, dentro de las medidas que puede adoptar las Administración Pública contratante, se encuentra el ejercicio de la potestad administrativa contractual de ordenar la paralización de la ejecución del contrato como consecuencia del ejercicio de las potestades administrativas contractuales de modificación o de rescisión ya mencionadas (Art. 122. 1 de la LCP).

§60. Potestad administrativa contractual de rescisión — Entre las sanciones ordinarias está la potestad de la Administración Pública de tomar de oficio a riesgo del contratista:

a. Las medidas indispensables al buen funcionamiento del servicio público.

b. La facultad "implícita en los contratos administrativos"[266] de resolución bajo la responsabilidad por falta (*aux torts*) del contratista (*Vid.* caso *Puerto la Guaira*), o por "incumplimiento" (*Vid.* casos *Acción Comercial S. A.* y *Minera Las Cristinas*).

---

[265] Hernández-Mendible, V.R., *Ob. cit.*, nota 232, pp. 226 y ss.

[266] Véase Sent. (257) de la *CSJ/SPA*, de fecha 30/5/1991, caso *Juan Reverola Acabán*.

En resumen, la jurisprudencia[267] sostiene que la resolución unilateral del contrato administrativo procede en los casos siguientes:

a. Por razones de legalidad, por no haberse satisfecho los requisitos exigidos para su validez y eficacia.

b. Cuando el interés general así lo exija, sin falta del co-contratante.

c. Y, por último, a título de sanción (caducidad) en caso de falta grave o incumplimiento del contratista. Así las cosas, frente a lo dispuesto en el Art. 1167 del Código Civil, la jurisprudencia administrativa reconoce que aún en ausencia de toda cláusula de resolución de pleno derecho, la Administración Pública tiene la potestad administrativa de declarar unilateralmente la resolución del contrato administrativo.

Así las cosas, otra cláusula considerada como exorbitante es el ejercicio de la denominada en doctrina y jurisprudencia "potestad de rescisión unilateral del contrato"[268], sin intervención de órgano jurisdiccional alguno, como sanción al contratista, fundada en el poder disciplinario que la Administración Pública ejerce. La misma constituye el ejercicio de un *ius imperium*[269], siendo además una facultad que la Administración Pública no puede enajenar ni renunciar[270], y por cuanto en ellos va envuelto el interés general, el contratista no puede oponer a la Administración Pública la regla *inadimplenti monest adinplendum*[271], juzgando esta el incumplimiento del particular que con

---

[267] Véase Sent. (600) de la CSJ/SPA, de fecha 3/12/1991, caso *Juan Vicente Gómez Romero*.

[268] Véase Sent. de la CSJ/SPA, de fecha 6 de abril de 1995, caso *David Montiel Guillén y otros*.

[269] Véase Sent. de la CSJ/SPA, de fecha 11 de abril de 1991, caso *Expresos Ayacucho, S.A.*

[270] Véase Sent. de la CF, de fecha 12 de noviembre de 1954.

[271] Véase Sent. de la CFC, de fecha 5 de diciembre de 1945.

José Araujo-Juárez

ella lo suscribiera, a quien en todo caso queda abierta la vía del contencioso para asegurarse, en un debate ante el juez competente, la preservación del principio de ecuación económica del contrato, si la causa de la rescisión no le fuera imputable[272].

§61. Potestad administrativa contractual de revocación – Asimismo, dentro de las cláusulas exorbitantes se incluye al poder de revocación unilateral por motivos de orden público, cualquiera que fuese la conducta del contratista, a fin de permitir la ruptura de un vínculo que se había convertido en contrario a los intereses tutelados por la Administración Pública. Según la jurisprudencia[273] tal cláusula exorbitante no es otra cosa que el ejercicio de la potestad revocatoria de la Administración Pública ejercida en una relación bilateral, por cuanto se funda en el control de la oportunidad y la conveniencia de la gestión administrativa.

§62. Potestad administrativa contractual de renovación – Además, dentro de las cláusulas exorbitantes o potestades administrativas de la contratación pública, la Sala Político-Administrativa del Tribunal Supremo de Justicia[274] se ha referido específicamente a cláusula exorbitante de renovación o prórroga contractual en los términos siguientes:

> Respecto a los privilegios de la Administración a los que se refiere la última de las características antes señaladas, el mencionado contrato ciertamente, establece en sus distintas cláusulas. En efecto, de su lectura se evidencia la presencia de **cláusulas exorbitantes** a través de estipulaciones por las cuales el organismo contratante, podía revocar y extinguir unilateralmente la relación contractual, tal como se puede observar de la Cláusula Cuarta. (Resaltados nuestros).

---

[272] Véase Sent. de la CSJ/SPA, de fecha 14 de junio de 1983, caso *Acción Comercial S.A.*

[273] Véase Sent. de la CSJ/SPA, de fecha 27 de enero de 1993, caso *Hotel Isla de Coche II.*

[274] Sent. 297 del 14 de abril de 2010.

Al respecto se ha de mencionar que la prórroga o prórrogas de la duración han de estar previstas en el contrato, sus características han de permanecer inalterables durante el periodo de aquellas y han debido ser establecidas para la adjudicación del contrato teniendo en cuenta la duración máxima del mismo, incluido los periodos de prórroga (MEILÁN GIL).[275]

§63. Potestad administrativa contractual de reversión — Por último, ha sido calificada por la jurisprudencia[276] como exorbitante la cláusula de rescate o de reversión administrativa sobre la base de la cual los bienes del contratista destinados a la ejecución del objeto contractual pasan automáticamente, a la conclusión del contrato, por cualquier causa, al patrimonio del ente público contratante.

En efecto, una vez extinguido por cualquier causa el contrato de concesión de servicios públicos, la concesión cesa, así como los efectos jurídicos que le son propios, y cabe preguntarse por el destino de los bienes que constituyen el soporte material de la prestación del servicio público que constituye el objeto de la concesión administrativa.

Al respecto la doctrina[277] de la Procuraduría General de la República opina que es cuestión que se resuelve fácilmente cuando dentro del propio contrato de concesión se haya previsto su destino. Puede suceder que en los términos del contrato de concesión se prevea el procedimiento legal a que deben ajustarse, tanto la Administración Pública concedente como el concesionario, para la adjudicación de los bienes afectados a la prestación del servicio público.

---

[275] MEILÁN GIL, J.L., *Ob. cit.*, nota 17, p. 171.

[276] Véase Sent. de la CSJ/SPA, de fecha 27 de enero de 1993, caso *Hotel Isla de Coche II*.

[277] Véase Dict. de la Procuraduría General de la República, DEJE, de fecha 22-10-1981, *Doctrina de la Procuraduría General de la República*, t. III, Vol. I, Caracas, 1983, p. 163.

Pues bien, todo este acontecer jurídico constituye el típico fenómeno de la reversión administrativa y cuyas características conforme una opinión sustentada por la Procuraduría General de la República[278], son las siguientes: (i) es un efecto estrechamente vinculado con la naturaleza de la concesión administrativa; y (ii) la traslación futura de los bienes a la Administración Pública concedente sin mediar indemnización.

En consecuencia, la reversión administrativa es una institución propia de la concesión de servicios públicos, consustanciada con ella, frente a orientaciones contrarias a este criterio, cuando afirman que no es un elemento esencial, ni siquiera natural sino simplemente accidental, es decir, procedente únicamente en caso de pacto expreso.

En conclusión, la figura de la reversión administrativa es una institución del Derecho público, con características propias, que la diferencian de los otros medios de adquisición de bienes por parte de la Administración Pública. En efecto, la reversión administrativa ha sido definida por algún sector de la doctrina como un efecto de la caducidad de las concesiones administrativas, mientras que para otro sector se trata más correctamente de una consecuencia de carácter económico que se produce cuando se extingue por cualquier causa el contrato de concesión administrativa (GARRIDO FALLA)[279].

§64. Conclusión — En mérito a los antes expuesto, esto es, sólo desde esta óptica (el Derecho administrativo como derecho común y normal) que debe presidir la función de interpretación en la contratación pública, puede entenderse el sentido actual del ejercicio de las cláusulas exorbitantes o más propiamente potestades administrativas contractuales sobre la base de principios propios, totalmente lógicos y consecuentes con su natura-

---

[278] Véase Dict. de la Procuraduría General de la República, 8-3-1972. *Dictámenes de la Procuraduría General de la República. Ob. cit.*, nota 155.

[279] GARRIDO FALLA, F., "Efectos Económicos de la Caducidad de las Concesiones de Servicios", en *RAP*, N° 45, 1964, p. 231 y ss.

leza jurídico-pública, y que juegan orgánicamente para la construcción y consecuente interpretación de los sistemas de contratación pública.

En conclusión, lo que caracterizaba en primer término a la teoría del contrato administrativo, y que hoy día se extiende también a los sistemas de contratación pública es, precisamente, un conjunto original de potestades y de sujeciones administrativas contractuales, en las etapas de formación, de ejecución y cumplimiento, y, por último, de extinción dentro de los sistemas de contratación pública.

En cuanto a las denominadas cláusulas exorbitantes, esto es, las potestades administrativas contractuales, ellas se manifiestan especialmente en la etapa de ejecución y cumplimiento de los sistemas de contratación pública que están regidos por reglas sin equivalencia en los contratos ordinarios o de Derecho privado.

CAPÍTULO VI

LAS GARANTÍAS FRENTE A LA TEORÍA DE LA CLÁUSULA EXORBITANTE

§65. Planteamiento de la cuestión — Como el principio de juridicidad puede ser infringido por la Administración Pública contratante, es natural que se prevean los mecanismos para que, en tales casos, pueda ser restablecido asegurando su supremacía. En efecto, el control público del principio de juridicidad persigue que la contratación pública se ajuste al denominado "bloque de la legalidad", o si se quiere en términos más amplios y tal vez más precisos, al conjunto de las normas jurídicas que conforman el Ordenamiento jurídico y que regulan la conducta del órgano o ente de la Administración Pública contratante, sean estas normas, principios y valores superiores contenidos en la Constitución, las leyes y demás textos normativos.

En consecuencia, como sostuvo la jurisprudencia[280]:

> [...] el principio de legalidad de los actos administrativos, según el cual éstos carecen de vida jurídica no sólo cuando les falta como fuente primaria, un texto legal, sino también cuando no son ejecutados en los límites y dentro del marco señalado de antemano en la ley. Desbordar este cerco constituye grave infracción que apareja la consiguiente enmienda por parte del o de los órganos jurisdiccionales competentes.

El Estado, y de consiguiente la Administración Pública, hemos sostenido en otra oportunidad[281], sea cual fuere el concepto que sobre su naturaleza se tenga, ha sido creado para cumplir determinados fines esenciales constitucionales. Para

---

[280] Véase Sent. de la CF, de fecha 17 de junio de 1953, GF N° 1, 1953, p. 151.

[281] ARAUJO-JUÁREZ, J., *Derecho Administrativo General*, Vol. II, Administración Pública, Ediciones Paredes, Caracas, 2011, p. 37.

ello se le dota de potestades derivadas del Poder Público que le permiten el ejercicio de funciones administrativas propias mediante el desenvolvimiento de numerosas actividades públicas. Pero, con mayor o menor intensidad, el ejercicio de tales actividades y sus consecuentes potestades administrativas está sujeto a sistemas, procedimientos y técnicas de control público. De ahí la importancia de la teoría del control público como principio fundamental del Derecho público y como uno de los elementos básicos de la cláusula constitucional del Estado de Derecho.

§66. Clases — En su significación jurídica, debemos señalar, como premisa fundamental, que los titulares de las funciones jurídico-estatales y, de manera concreta, de la función administrativa, están sometidos con la mayor amplitud en su ejercicio, en la concepción de un Estado de Derecho, a diversos controles públicos, los cuales van a hacer efectivo el principio de juridicidad.

En este orden de ideas, la función de control jurídico, esto es, la actividad de comprobación o de verificación de la regularidad jurídica de una actividad o una función jurídico-estatal en concreto, es una de las más importantes del Poder Público, pues está destinada a comprobar la observancia, por parte de los sujetos de Derecho –públicos o privados–, de las normas que regulan la convivencia, la producción de bienes y servicios, así como las normas que prohíben, ordenan o conforman algo en su sentido más amplio. Esto es, un poder de comprobación a fin de determinar la adecuación o conformidad de la conducta según la norma, es decir, un control que se traduce, a su vez, en actos o técnicas de control tales como auditorías, acceso a documentos, órdenes de exhibición, inspecciones, fiscalizaciones, suministro de datos, autorizaciones, etc., los cuales son manifestaciones específicas de actividades que la doctrina incluye entre las de policía administrativa o, más precisamente, de vigilancia de policía.

En tal sentido, la doctrina[282] observa que en vista de la naturaleza jurídica de la actividad contractual del Estado, todo el ciclo contractual, desde la preparación y formación del contrato, hasta su ejecución, debe necesariamente estar sometido a controles de diversa naturaleza, ejercidos por distintas entidades públicas.

Así las cosas, destaca como la Contraloría General de la República, que tiene como principal función el control, la vigilancia y fiscalización sobre la operación de los ingresos, gastos y viene público, ejerce la rectoría del Sistema Nacional de Control Fiscal, ejerciendo así tanto el control fiscal previo e interno, como el control fiscal externo y posterior sobre los procedimientos de contratación pública.[283]

Asimismo, el control realizado por las propias Administraciones Públicas contratantes, a quienes corresponde según señaláramos más arriba, la potestad administrativa contractual de dirección y control de todo el ciclo contractual y especialmente sobre la etapa de ejecución de los contratos públicos, así como la facultad de adoptar medidas preventivas administrativas, en orden a la determinación de los posibles incumplimientos del contrato público, así como los mecanismos de intervención o control de la sociedad civil en la contratación pública.[284]

Y por último, el control jurisdiccional de origen francés (*contrôle juridictionnel*) que se realiza, ya no a través de la función administrativa, ni a través de una función legislativa sino, fundamentalmente y de manera exclusiva, mediante el ejercicio de la función jurisdiccional o judicial –control externo–, específicamente la jurisdicción contencioso-administrativa, competentes para conocer de todas las pretensiones que se intenten con ocasión de la preparación, celebración o ejecución de los contra-

---

[282] A.A.V.V., *La contratación Pública en Venezuela*, FUNEDA, Caracas, 2015, pp. 48 y ss.

[283] *Ibídem*, p. 50 y 51.

[284] *Ibídem*, pp. 53 y ss.

tos en que sea parte la Administración Pública, e incluso los particulares en la hipótesis de que hayan celebrado el contrato actuando en función administrativa.[285]

§67. Justicia administrativa — Ahora bien, el proceso de profundización del Estado de Derecho nos lleva a otro estadio o nivel del modelo de organización jurídico-político de Estado, que vendría a ser la última decisión política acuñada por el Poder constituyente originario, como lo es la cláusula del Estado de Justicia[286]. Y para que el Estado de Justicia sea tal, la Justicia se debe articular a través de unos principios constitucionales explícitos, que lo convierten en un instrumento de actualización ordinaria de la Constitución y el Ordenamiento jurídico. Por tanto, la cláusula constitucional del Estado de Justicia es también un principio constitucional según el cual cualquier persona puede y debe ser protegida o tutelada frente a la Administración Pública para hacer valer sus derechos e intereses en el ejercicio de sus pretensiones ante el Sistema de Justicia.

Así las cosas, es, entonces, indudable que la última y más importante garantía de la vigencia del principio de juridicidad radica en los órganos jurisdiccionales que integran el Poder Judicial, con competencia en esa materia, bien sea general o especial. Y es que la esencia del modelo de Estado de Derecho propuesto por la doctrina alemana (R. GNEIST/1884) se debe, fundamentalmente, al haber enfatizado la necesidad de que el Estado, en cuanto Poder administrativo, debe someterse al Derecho (*subdito ius*), sometimiento que se garantiza a través de un sistema de Justicia administrativa[287].

---

[285] A.A.V.V., *Ob. cit.*, nota 280, p. 58 y ss. Véase *in extenso* en TO-RREALBA SÁNCHEZ, M.A., "Las actuaciones bilaterales: Los contratos públicos y los convenios en la Ley Orgánica de la Jurisdicción Contencioso Administrativa, en *La actividad e inactividad administrativa y la Jurisdicción Contencioso Administrativa* (Dir. V.R. Hernández Mendible), EJV, Caracas, 2012, pp. 221-257.

[286] ARAUJO-JUÁREZ, J., *Ob. cit.*, nota 1, pp. 285 y ss.

[287] *Ibídem*, pp. 338 y ss.

Ahora bien, el control jurisdiccional del principio de juridicidad, a través de un sistema de Justicia administrativa, no surgió de un momento a otro, sino que es el resultado de un proceso histórico. Este se inició con el control jurisdiccional respecto de cuestiones patrimoniales del Estado (la denominada doctrina del Fisco), hasta aceptarse plenamente en la actualidad como un mecanismo para hacer efectivo el principio de legalidad o de juridicidad, como protección de los derechos fundamentales de las personas y para la instauración del sistema del control jurisdiccional de la legalidad administrativa.

Así, según RIVERO[288], el sistema del control jurisdiccional de la legalidad administrativa nace de la feliz conjunción de tres elementos:

a. Una ideología: el principio de legalidad (o de juridicidad).

b. Una competencia: la del juez administrativo.

c. Una técnica: el recurso por exceso de poder.

En consecuencia, el sistema de Justicia administrativa persigue el sometimiento de la Administración Pública a la Justicia de un modo general y, por lo tanto, al Derecho.

En cuarto lugar, el principio de control o revisión del ejercicio de las potestades administrativas contractuales por parte de: (i) la propia Administración Pública, a través de los pertinentes recursos administrativos; o (ii) la jurisdicción contencioso administrativa mediante la oportuna acción procesal[289].

En el Derecho positivo, de acuerdo con el Art. 259 de la C, a diferencia de otros sistemas jurídicos que establecen un sistema de jurisdicción doble o dualidad de jurisdicción, no hay sino una sola jurisdicción, una única, no obstante que quepa, dentro de la misma, establecer diferencias receptadas incluso por el Ordenamiento constitucional.

---

[288] RIVERO, J. y WALINE, J., *Ob. cit.*, nota 52.

[289] Véase Sent. de la *CPCA*, de fecha 11 de mayo de 1980, *RDP* N° 3, p. 108.

Así las cosas, siendo que el principio de juridicidad consiste en una relación entre las normas, o más ampliamente entre el Ordenamiento jurídico y la Administración Pública y la actividad o función administrativa que aquel rige, hay razón para tratar dos grandes bloques de problemas relacionados con el control del principio de juridicidad:

a. La manera en que el ejercicio de las potestades administrativas contractuales puede infringir el principio de juridicidad, esto es, los motivos o causas de ilegalidad.

b. La manera en que el principio de juridicidad sanciona al ejercicio ilegal de las potestades administrativas contractuales, esto es, la nulidad como comprobación de la ilegalidad.

c. Y, por último, la manera en que el principio de juridicidad compensa la ruptura del equilibrio económico del contratista.

Así las cosas, frente al amplio abanico de "prerrogativas de poder público" en que se traduce la teoría de la cláusula exorbitante o más propiamente las potestades administrativas contractuales con que cuenta la Administración Pública como propias en los sistemas de contratación pública y que hemos analizado en otra oportunidad[290] nos hemos de preguntar ¿cuál es la situación del contratista? Al respecto debemos mencionar que el Derecho administrativo ofrece distintas garantías de índole jurídica, patrimonial y jurisdiccional, que abordaremos a continuación.

§68. Garantía jurídica — Al respecto debemos mencionar junto con la doctrina que más se ha ocupado del tema en nuestro país (BREWER-CARÍAS)[291], que el ejercicio de las potestades administrativas contractuales en que en definitiva se traducen las denominadas cláusulas exorbitantes no es ilimitado, absoluto o

---

290   Véase *in extenso* en ARAUJO-JUÁREZ, J., *Ob. cit.*, nota 42.
291   BREWER-CARÍAS, A.R., *Ob. cit.*, nota 9, p. 45.

discrecional sino que, por el contrario, está sometido a diversos límites de carácter general que hemos tratado más arriba, de carácter contractual y también de los derivados de los principios generales del Derecho que también informan los sistemas de contratación pública, tales como los principio de proporcionalidad, de buena fe, del control universal de la jurisdicción administrativa, etc.

En efecto, frente al ejercicio –aun legítimo– de las potestades administrativas contractuales, cabría distinguir también un conjunto de garantías jurídicas de diverso tipo, así: formales, patrimoniales y jurisdiccionales.

En primer lugar, el ejercicio de la potestad modificatoria contiene limitaciones, puesto que su ejecución solo procede frente a las cláusulas referidas, por ejemplo, a la construcción de la obra o a la organización y al funcionamiento del servicio público, y en ningún caso frente a las cláusulas concernientes a los beneficios económicos del contratista. En consecuencia, la potestad modificatoria no puede implicar "que los cambios o rectificaciones sean de tal magnitud que desnaturalicen o cambien sustancialmente, la obra o el servicio contratados" (*Vid.* caso *Puerto la Guaira*). Es decir, el objeto del contrato administrativo impide las modificaciones que alteren su esencia o sustancia (DE LAUBADERE)[292].

En segundo lugar, la interpretación del contrato administrativo debe regirse por el sentido de sus estipulaciones expresas a la luz de la legislación vigente al momento de concluirse[293].

En tercer lugar, el ejercicio de la potestad sancionatoria podrá ejercerse de pleno derecho y de manera unilateral, siguiendo en todo caso las formalidades del procedimiento administrativo debido. En consecuencia, en el caso de la declaración unilateral de resolución contractual se exige estar siempre precedida de un debido procedimiento administrativo donde se

---

[292] DE LAUBADERE, *Ob. cit.*, nota 37.

[293] Véase Sent. de la CFC/SF, de fecha 18 de enero de 1937.

compruebe el incumplimiento y la imputabilidad del contratista[294] y, por supuesto, siempre que se garantice eficazmente el derecho a la defensa del contratista (caso *Concretera Martin C.A.*). De lo contrario resultaría violatorio del derecho constitucional a la defensa.

Es por ello que no podemos compartir el criterio de la Sala Político Administrativa del Tribunal Supremo de Justicia cuando sostuvo que no se requerirá de un "procedimiento administrativo complejo", sino más bien lo esencial, siendo suficiente la notificación efectuada por la Administración Pública al contratista[295]. Tal criterio va en contra de la prohibición de imponer sanciones de plano y, por supuesto, con grave daño de los derechos constitucionales a la defensa y al debido proceso (Arts. 26 y 49 de la Constitución) que tienen plena prevalencia en el procedimiento administrativo.

Asimismo, la jurisprudencia ha reconocido al contratista "el derecho de solicitar prórrogas y compensaciones y aún la resolución del contrato" (*Vid.* caso *Puerto La Guaira*).

Así las cosas, el ejercicio de las potestades administrativas contractuales tiene su contrapartida que reside en el derecho del contratista a una indemnización pecuniaria, ya que "el aspecto patrimonial de los contratos administrativos exige pues, el mismo respeto que el derecho de propiedad; no puede ser afectada sin indemnización, como la propiedad misma"[296]. En todo caso es "un derecho de indemnización o compensación económica que no puede nunca trascender más allá de los límites justos a los cuales llegue el perjuicio ocasionado" (caso *Machado-Machado*).

---

294 Véase Sent. de la *CSJ/SPA*, de fecha 11/7/1996, caso *Milton Mujica Camping*.

295 Véase Sent. (00254) del *TSJ/SPA*, de fecha 28/3/2012, caso *Ruisalca, C. A.*

296 Véase Sent. de la CSJ/CP, de fecha 15/3/1962, caso *Banco de Venezuela*.

En efecto, sostiene CASSAGNE[297] que frente al ejercicio de las prerrogativas de poder público se ha generalizado la tendencia a garantizar la intangibilidad de la ecuación económica financiera del contrato mediante una adecuada compensación o indemnización, con el objeto de mantener el equilibrio contractual alterado o los perjuicios provocados por la ruptura anticipada del contrato administrativo por razones de interés público.

Es por lo expuesto que G. LINARES BENZO[298] sostiene que la única diferencia, o la diferencia nuclear entre los contratos privados y los contratos de la Administración Pública, sean o no administrativos, es que el punto de equilibrio no está ya en el recíproco cumplimiento de las prestaciones, sino en el llamado principio del equilibrio económico-financiero del contrato administrativo, es decir, que se respete la ecuación que se construyó a la hora del pacto.

§69. Garantía patrimonial — Por otro lado, la Administración Pública, como contrapartida a la posición que ostenta en los contratos públicos, está obligada en el desarrollo del objeto del contrato a cumplir las normas ético-jurídicas derivadas de la buena fe y a mantener la equivalencia económica de las prestaciones contrapuestas, obligaciones que no sólo están instituidas para preservar el interés legítimo del contratista sino también para proteger el interés público, en virtud de que la colaboración recíproca de las partes es esencial en la actividad contractual del Estado.

En definitiva es como si todas las reglas de la contratación administrativa, señala PARADA[299], al igual que los diez mandamientos, se reunieran en dos: que la Administración Pública

---

297 CASSAGNE, J.C., *Ob. cit.*, nota 11, pp. 24 y 25.

298 LINARES BENZO, G., "El Equilibrio Financiero del Contrato Administrativo en el Decreto Ley de Contrataciones Públicas", en *Ley de Contrataciones Públicas*, N° 44 (2ª. edición actualizada y aumentada), EJV, Caracas, 2009, p. 282.

299 PARADA, R., *Derecho Administrativo. I Parte General*, Decimoquinta edición, Marcial Pons, Madrid, 2004, pp. 311 y 312.

hace y deshace, interpreta, compone, modula y arregla a su criterio las prestaciones debidas por el contratista; y segunda, que el contratista tiene derecho a salir indemne de esas aventura contractual, lo que se concreta en tantas acciones de resarcimiento o indemnización de perjuicios cuantas hayan sido las agresiones sufridas a sus derechos contractuales provenientes de la Administración Pública, o de otras causas y circunstancias.

En tal sentido, el ejercicio –aun legitimo– de las potestades administrativas contractuales no exime a la Administración Pública de indemnizar o compensar al contratista cuando para éste sin su culpa, se han derivado perjuicios de la rescisión o cuando dada la naturaleza de las modificaciones introducidas se ha llegado a una alteración en la ejecución del contrato, y desde luego a una ruptura en el principio del equilibrio económico o ecuación financiera del contrato (caso *Machado Machado*)[300]. En todo caso es un derecho de indemnización o compensación económica que no puede nunca trascender más allá de los límites justos a los cuales llegue el perjuicio ocasionado.[301] En suma, podemos sostener que se trata de una protección excepcionalmente intensa del objetivo económico del contratista, como límite y contrapeso del ejercicio de las prerrogativas de Poder Público que inciden en la relación contractual.

De lo anterior deriva el interés de la doctrina y la jurisprudencia en establecer una teoría general que se revela en una serie de principios generales y reglas que tienen por objeto preservar –o restablecer si fuere el caso– el equilibrio económico del contrato, el cual va a ser uno de los caracteres más relevantes de la contratación administrativa, y con ello contribuir a la seguridad jurídica. Esta idea la expone brillantemente DE LAUBADERE cuando afirma que la finalidad del principio del equilibrio económico es conseguir:

---

[300] Véase Sent. de la *CF*, de fecha 12 de noviembre de 1954, caso *Machado Machado*; Magistrado-Ponente H. Parra Márquez, G. F, N° 6, 1954, p. 193-194.

[301] *Idem.*

La relación aproximada, la "equivalencia honesta", entre cargas y ventajas que el contratista ha tomado en consideración, "haciendo un cálculo", en el momento de la conclusión del contrato[302].

Por consiguiente, la posición acertada en orden a conciliar las exigencias del interés público y el interés jurídico de los contratistas, es la edificación a partir de un fundamento único y de unos principios generales comunes, que tienen su respaldo positivo en la Constitución, al consagrar los derechos fundamentales de las personas, y especialmente en los Arts. 43, 55, 60 y 115, en los que se consagra el principio general de garantía y protección del patrimonio jurídico (vida, honor y bienes).

En este último aspecto, el principio de garantía del patrimonio jurídico que se deriva inequívocamente de los preceptos mencionados, es el fundamento y dota de unidad a las técnicas de garantía económica o patrimonial que se organizan en torno al contratista. La presencia de un contrato administrativo –en cualesquiera de sus modalidades– informa al instituto contractual de sus principios y de su naturaleza, dándole una peculiaridad dictada de acuerdo con los intereses que juegan en su seno.

Finalmente, la unidad del sistema también se manifiesta en que el régimen de compensación económica contractual participa de los mismos principios generales, pues constituye una garantía de los derechos del contratista contra los perjuicios que pueda sufrir como consecuencia del ejercicio del Poder Público, preservando así la plenitud de la equivalencia de las prestaciones. Esto es, cumple una función de garantía de la órbita patrimonial del contratista al garantizar el principio del equilibrio económico.

§70. Garantía jurisdiccional — Y, por último, es sabido que la competencia jurisdiccional en materia de contratos y negocios se remonta a la Constitución de 1830, la cual se mantuvo en

---

[302] DE LAUBADERE, A., VENEZIA, J.-C. et GAUDMET, I., *Ob. cit.*, nota 37, N° 718, p. 717.

textos constitucionales posteriores hasta la de 1961, cuando adquiere solo rango legal. Pero en todo caso, de acuerdo con los Arts. 259 de la C y 8 de la LOJCA vigentes, se consagra el principio de universalidad del control jurisdiccional también con respecto a las que esta ley denomina "actividades bilaterales" como manifestación del control del principio de juridicidad, por cualquier motivo de contrariedad al Derecho, que no admite excepciones, como manifestación del derecho a la tutela jurisdiccional efectiva frente a la Administración Pública (ARAUJO JUÁREZ)[303].

En definitiva, podemos afirmar en que el Derecho administrativo venezolano también ha construido una protección excepcionalmente intensa de los derechos del contratista, como límite y contrapeso del ejercicio de las potestades administrativas que inciden en la relación contractual.

---

[303] Véase *in extenso* ARAUJO-JUÁREZ, J., *Ob. cit.*, nota 1, pp. 338 y ss.

LAS REFLEXIONES FINALES

Llegado el momento de poner punto final a nuestro ensayo, y como conclusión a todo lo que llevamos dicho, señalamos por vía de resumen: En la contratación pública, tal vez –o sin el tal vez– uno de los más relevante temas es la teoría de la cláusula exorbitante. Y lo primero que cabría señalar es plantear la necesidad, más que de arrumbar categorías esenciales del DA, es revisar y repensar conceptos considerados hasta hoy como las señas de identidad de una rama del Derecho que se ha configurado esencialmente a partir del régimen de exorbitancia de la posición jurídica de la Administración Pública, como correlato necesario de su papel de definidora y garante del interés público, que hoy encajan mal y que por ello se deberían avenir con los nuevos paradigmas constitucionales.

Tampoco dudamos que es ciertamente un problema difícil, que arrastra un importante lastre tanto histórico como dogmático, y donde van a estar implicadas las cuestiones básicas del Derecho Administrativo entero, de ahí que la necesidad de su mejor conocimiento se justifica por sí sola y resume la finalidad de esta obra.

Finalmente, la puesta en juego de la teoría de la cláusula exorbitante es de gran calado tanto: para los contratistas cuyos derechos deben ser garantizados sin falla; como para la propia Administración Pública encargada de dar satisfacción al interés público, y que debería goza de una seguridad jurídica suficiente para operar correctamente su misión constitucional.

En mérito a lo anterior, la existencia todavía hoy de la huidiza teoría de la cláusula exorbitante suscita, como tuvimos la ocasión de examinar, numerosas cuestiones que deben situarse como punto de partida de todo estudio sobre el régimen de cualquier sistema de contratación pública.

Es por ello que el análisis de la teoría de la cláusula exorbitante o más propiamente de la potestad administrativa contractual, a la luz de los nuevos paradigmas constitucionales, como de muchos otros temas del Derecho administrativo venezolano, revela que no se trata de un mero ejercicio de sistematización teórica o didáctica, sino de una categoría autónoma en el plano jurídico, con elementos que no sólo le otorgan utilidad práctica sino que la individualizan en su régimen jurídico y, por tanto:

a. La consolidación de la teoría de la potestad administrativa contractual ha sido el producto de una lenta evolución jurisprudencial del Máximo Tribunal, recogida y reelaborada por la doctrina que distingue lo público y lo privado, y que han tenido la suficiente visión para crear una doctrina propia, influida sin duda por la mejor doctrina de Derecho comparado.

b. Además, la teoría de la potestad administrativa contractual revela la pertinencia conceptual y la utilidad práctica evidente no sólo con respecto a los principios de juridicidad y seguridad jurídica, sino la presencia de un régimen jurídico-administrativo mucho más idóneo para asegurar tanto la prevalencia del interés público como la efectiva protección de los derechos fundamentales de las personas, que como es sabido, es el fin último de los sistemas de Derecho administrativo.

c. En efecto, la teoría del principio económico en los sistemas de contratación pública es mucho más generosa que la figura del contrato privado, por la sencilla razón de que aquella está presidida por el principio de igualdad de todos ante las cargas públicas, que en el Derecho administrativo es la clave para entender el régimen de indemnizaciones, y aun de riesgos y de equivalencia material de las prestaciones en el sistema de contratación pública, frente a la puramente abstracta y sinalagmática del contrato en el Derecho privado.

d. Por otro lado, en los sistemas jurídicos que no reconocen ni la categoría ni el régimen del contrato administrativo o equivalente, donde la contratación pública en general está sometida al Derecho privado, ello es solo en teoría, puesto que allí también en la práctica los contratos públicos están llenos de peculiaridades, de excepciones o derogaciones al Derecho común, lo que no es inconveniente a que jueguen cláusulas que no son normales en los contratos entre particulares, bien por la vía del clausulado contractual o bien por la proyección sobre el contrato de un conjunto de privilegios subjetivos que acompañan siempre al Estado.

e. En mérito a lo antes expuesto, podemos concluir que no tiene sentido seguir manteniendo la defensa de las potestades administrativas contractuales como algo "exorbitante del derecho común". Forman parte necesaria de la función encomendada constitucionalmente a la Administración Pública y esencial del Derecho Administrativo contemporáneo. Que así se ha visto también por la jurisprudencia española al afirmar que la potestad que la Constitución y las leyes encomiendan a la Administración Pública no son privilegios, sino los instrumentos normales para el cumplimiento de sus fines y, en definitiva, para la satisfacción de los intereses generales.   Y de ser así, ello no obsta, sino todo lo contrario, para seguir matizando y corrigiendo el ejercicio abusivo de las potestades públicas contractuales frente a los contratistas, y hacer hincapié en la propuesta de atenuar la relevancia o, más propiamente, concluyo, llevar a su exacta dimensión la teoría de las potestades administrativas contractuales conforme a los nuevos paradigmas constitucionales.

BIBLIOGRAFÍA

A.A.V.V., *Ley de Contrataciones Públicas*, Colección Textos Legislativos N° 44 (4ª. edición actualizada y aumentada), EJV, Caracas, 2014.

A.A.V.V., *Comentarios al Decreto con Rango, Valor y Fuerza de Ley de Contrataciones Públicas*, FUNEDA, Caracas, 2008.

A.A.V.V., *La contratación Pública en Venezuela*, FUNEDA, Caracas, 2015.

ÁLVAREZ GENDIN, L., "Proyección del Derecho Público sobre el Derecho Privado", en *Revista de Estudios de Vida Local*, Madrid, 1950.

ARAUJO-JUÁREZ, José, "El Principio del Equilibrio Económico", en *Ley de Contrataciones Públicas*, Colección Textos Legislativos, 4ª edición actualizada y aumentada, EJV, Caracas, 2014.

_____, *Derecho Administrativo Constitucional*, CIDEP-EJV, Caracas, 2017.

_____, "El Contrato Administrativo en Venezuela", en *Tratado General de los Contratos Públicos*, t. II, Dir. Juan Carlos Cassagne, Ed. La Ley, Buenos Aires, 2013.

_____, *Derecho Administrativo General*, Vol. I, *Concepto y Fuentes*, Paredes. Caracas, 2010.

_____, *Derecho Administrativo. Parte General*. 1ª Edición, 2ª Reimpresión, Paredes Editores, Caracas, 2010.

_____, *Derecho Administrativo General*. Vol. V, *Procedimiento y Recurso Administrativo*, Paredes Editores, Caracas, 2010.

_____, *Derecho Administrativo. Servicio Público*, Paredes Editores, Caracas, 2010.

_____, "El Procedimiento Administrativo y los Contratos de la Administración" en *Régimen Jurídico de los Contratos Administrativos, FDGR*, Caracas, 1991.

_____, *Derecho Administrativo*, Vol. III, *Acto y Contrato Administrativo*, Ediciones Paredes, Caracas, 2010.

_____, *Derecho Administrativo General*, Vol. II *Administración Pública,* Ediciones Paredes, Caracas, 2011,

ARIÑO ORTIZ, Gaspar, *Principios de Derecho Público Económico*, Comares, Granada, 1999.

_____, *Comentarios a la Ley de contratos de las Administraciones públicas*, t.I, Comares, Granada, 2002.

BADELL MADRID, Rafael, *Régimen Jurídico de las Concesiones en Venezuela*, Caracas, 2002.

_____, *Régimen Jurídico del Contrato Administrativo*, Caracas, 2001.

BALLBÉ, M., Voz, "Derecho administrativo", en *Enciclopedia Seix*, Madrid, 1949.

BENOIT, F.-P., *Derecho Administrativo*, N° 1033, Madrid.

BERCAITZ, *Teoría General de los Contratos Administrativos*, 2ª edición, Depalma, Buenos Aires, 1980.

BIDART CAMPOS, G., *Teoría General de los derechos humanos*, Astrea, Buenos Aires, 1991.

BIGOT, Grégoire, *Introduction historique au droit administratif depuis 1789*, Puf, Droit, Paris, 2002.

BOQUERA OLIVER, J.M., "La caracterización del Contrato Administrativo en la recuente jurisprudencia francesa y española", en *RAP* N° 23, Madrid.

BONNARD, R., *Précis élémentaire de Droit administratif*, Paris, 1943.

BREWER-CARÍAS, Allan R., "Nuevas consideraciones sobre el régimen de contratos del Estado en Venezuela", en *VIII Jornadas Internacionales de Derecho Administrativo Allan Randolph Brewer-Carías, Contratos Administrativos. Contratos del Estado*, FUNEDA, Caracas, 2006.

_____, "Los contratos del Estado y la Ley de Contrataciones Públicas. Ámbito de aplicación", en *Ley de Contrataciones Públicas*, Col. Textos Legislativos N° 44, 4ta. Edición actualizada y aumentada, EJV, Caracas, 2014.

_____, "La contratación pública en Venezuela", en *Tratado General de los Contratos Públicos*, t. II, Dir. Juan Carlos Cassagne, Ed. La Ley, Buenos Aires, 2013.

_____, *Contratos Administrativos*, EJV, Caracas, 1992.

_____, "Sobre los contratos del Estado en Venezuela" en *Derecho Administrativo Internacional*, Actas del IV Congreso Internacional de Derecho Administrativo de Mendoza, (Coord.) Jaime Rodríguez-Arana Muñoz y otros, Mendoza-Argentina, septiembre de 2010.

_____, "Evolución del concepto del contrato administrativo", en *El Derecho Administrativo en Latinoamérica. Curso Internacional*, Bogotá, 1978.

_____, "El régimen de selección de contratistas en la Administración Pública y la Ley de Licitaciones", en *RDP* N° 42, EJV, Caracas.

_____, "Ámbito de aplicación de la Ley de Contrataciones Públicas", en *Ley de Contrataciones Públicas*, Colección Textos Legislativos N° 44 (2ª edición actualizada y aumentada), EJV, Caracas, 2009.

BURDEAU, Francois, *Histoire du droit administratif*, PUF, Paris, 1995.

CANÓNICO SARABIA, A., "Las garantías en la contratación pública", en *Ley de Contrataciones Públicas*, Colección Textos Legislativos N° 44, 4ª Edición actualizada y aumentada, EJV, Caracas, 2014.

CASSAGNE, J.C., "La contratación pública", en *Tratado General de los Contratos Públicos*, Dir. Juan Carlos Cassagne, t. I, Ed. La Ley, Buenos Aires, 2013.

_____, *El Contrato Administrativo*, 3ª edición, La Ley, Buenos Aires, 2011.

CARNELUTTI, F., *Teoría generale del diritto*, Milano, 1940.

COMADIRA, J.P., *Curso de Derecho Administrativo*, t. I, Abeledo Perrot, 2012.

COVIELLO, Pedro José Jorge, "¿Contratos administrativos o contratos públicos?", en *Derecho Administrativo Internacional, Actas del IV Congreso Internacional de Derecho Administrativo de Mendoza*, (Coord.) Jaime Rodríguez-Arana y otros, Mendoza, 2010.

CLAVERO ARÉVALO, M.F., "Consecuencias de la concepción del Derecho administrativo como ordenamiento común y normal", en *RGLJ*, Instituto Editorial Reus, Madrid, 1952.

DANIELS PINTO, A., "Consideraciones sobre el régimen sancionatorio en las contrataciones públicas", en *A.A.V.V., La contratación Pública en Venezuela*, FUNEDA, Caracas, 2015, pp. 75-149.

DE CASTRO, F., *Derecho Civil de España*, Parte General, t. I, 1955.

DE LA CUÉTARA, J.M., *Las Potestades Administrativas*, Tecnos, Madrid, 1986.

_____, *La actividad de la Administración*, Tecnos, Madrid, 1983.

DE LAUBADERE, André, MODERNE, Frank et DELVOLVE, Pierre, *Traité des contrats administratifs*, 2 t., 2ª. ed., LGDJ, Paris, 1983.

ENTRENA CUESTA, R., *Curso de Derecho Administrativo*, Vol. I/1, 11ª. ed., Tecnos, Madrid, 1995.

_____, "Consideraciones sobre la teoría de los contratos de la administración", en *RAP* N° 42, Madrid, 1983.

ESCOLA, H., *Tratado integral de los Contratos Administrativos*, t. I, Depalma, Buenos Aires, 1977.

GARCÍA DE ENTERRÍA, E. y FERNÁNDEZ, T-R, *Curso de Derecho Administrativo*, 2 t., 12ª ed., Thomson-Civitas, Madrid, 2004.

_____, "La figura del contrato administrativo", en *Revista de Administración Publica*, Madrid, 1963.

GARRIDO FALLA, Eduardo, *Tratado de Derecho administrativo*, 2 t., 13ª ed. Tecnos, Madrid, 2002.

GENY, B. *La collaboration des particuliers avec l'Administration*, París, 1930.

GIANNINI, M. S., *Diritto Amministrativo*, Volumen secondo, Terza edizione, Giuffrè editore, Milano, 1993.

GONZÁLEZ-VARAS IBAÑEZ, S., "La figura del contrato administrativo en España", en *Tratado General de los Contratos Públicos*, Dir. Juan Carlos Cassagne, Ed. La Ley, Buenos Aires, 2013.

GRAU, María Amparo, "Principios Generales de los Contratos Administrativos", en *Los Contratos Administrativos "Contratos del Estado"*, VIII *Jornadas Internacionales de Derecho Administrativo "Allan R. Brewer-Carías"*, t. II, FUNEDA, Caracas.

HAURIOU, H., *Précis de droit administratif et droit public,* 12ème. éd., Sirey, Paris, 1933, Réédition, Dalloz, Paris, 2002.

HERNÁNDEZ, J. I., "El contrato administrativo en la Ley de Contrataciones Públicas venezolana", en *A.A.V.V., Ley de Contrataciones Públicas*, Colección Textos Legislativos N° 44 (4ª. edición actualizada y aumentada), EJV, Caracas, 2014, p. 177.

HERNÁNDEZ-MENDIBLE, V.R., "La evolución de la contratación pública y las potestades de la Administración", en *Ley de Contrataciones Públicas*, Col. Textos Legislativos N° 44, 4ª Edición actualizada y aumentada, EJV, Caracas, 2014.

JEZE, G., *Principios elementales de derecho administrativo*, Trad. española a la 3ª ed. francesa, Arayú, 1949, Buenos Aires.

———————————, "Théorie generale des contrats de l'Administration", en *Revue de Droit-Public*, Paris, 1932.

LAFERRIERE, E., *Traité de la juridiction administrative et des recours contentieux*, Paris, Berger-Levrault et Cie, 1887, réédition LGDJ, Paris, 1989.

LAMARQUE, J., "Le déclin du critére de la clause exorbitante", en *Mélanges Waline*, Paris, 1974,

LARES MARTÍNEZ, E., *Manual de Derecho Administrativo*, XIII ed. UCV, Caracas, 2008.

LINARES BENZO, Gustavo, "El Equilibrio Financiero del Contrato Administrativo en el Decreto Ley de Contrataciones Públicas", en *Ley de Contrataciones Públicas*, Nº 44 (2ª edición actualizada y aumentada), EJV, Caracas, 2009.

LONG, M., WEIL, P. y BRAIBANT, G. *Les grands arrêts de la jurisprudence administrative*, 15éme. éd., Dalloz, Paris, 2005.

———————————, *Los grandes fallos de la jurisprudencia administrativa francesa*, 1ª ed. en español, Ediciones Librería del Profesional, Bogotá, 2000.

MEILÁN GIL, J. L., *Categorías Jurídicas en el Derecho Administrativo*, IUSTEL, 1ª edición, Madrid, 2011.

———————————, "Para una reconstrucción dogmática de los contratos administrativos", en *Anuario Facultad de Derecho de la Coruña*, 2005.

———————————, *La estructura de los contratos públicos*, norma, acto, contrato. Iustel, Madrid, 2008.

MERK, A., *Teoría General del Derecho Administrativo*, COMARES, Granada, 2004.

MESTRE J.-L., *Introduction historique au droit administratif francais*, PUF, Paris, 1985.

MODERNE, F., "La contratación pública en el Derecho administrativo francés contemporáneo", en *La Contratación Pública*, Ed. Hammurabi, t. I, Buenos Aires, 2006.

MOLES CAUBET, Antonio, "El principio de legalidad y sus implicaciones", en *Estudios de Derecho Público*, (Oswaldo Acosta-Hoenicka-Compilador), UCV, Caracas, 1997.

NIETO, A. "Estudio Preliminar", en BELADIEZ ROJO, B. *Validez y eficacia de los actos administrativos*, Marcial Pons, Madrid, 1994.

PALMA JARA, J., *Consideraciones sobre el contenido del principio de la legalidad administrativa*, ADA, Santiago de Chile, 1975/1976.

PAREJO ALFONSO, L., "El Régimen Jurídico General de la Contratación en España", en *Biblioteca Jurídica Virtual del Instituto de Investigaciones Jurídicas de la Universidad Autónoma de México*.

PEQUIGNOT, *Contribution a la théorie générale du contrat administratif*, Th., Montpellier, 1944.

PÉREZ LUCIANI, G., "Los contratos de interés nacional", en *Régimen jurídico de los contratos administrativos,* Ed. Fundación Procuraduría General de la República, Caracas, 1991.

RANELLETTI, O.,"Concetto e natura delle autorizzacioni e concessioni amministrative", en *Giurisprudenza italiana*, t. IV, 1894.

Revista de Derecho Público, Nos. 1 al 118, Editorial Jurídica Venezolana, Caracas 1980-2008.

RIVERO, Jean, et WALINE, Jean, *Droit administratif*, 21[éme] édition, Dalloz, Paris, 2006.

_____, *Derecho administrativo*, Traducción de la 9ª edición, Instituto de Derecho Público, Facultad de Ciencias Jurídicas y Políticas, Universidad Central de Venezuela, Caracas, 1981.

RODRÍGUEZ, A., "Ejecución del contrato administrativo: Potestades de la Administración y Derechos de los Contratistas", en *Régimen Jurídico de los Contratos Administrativos*, FPGR, Caracas, 1991.

Rodríguez-Arana, J., *Aproximación al Derecho Administrativo Constitucional*, EJV, Caracas, 2007.

Santamaría De Paredes, V., *Curso de Derecho Administrativo*, 6ª edición, Madrid, 1903.

Santamaría Pastor, Juan Alfonso, *Principios de Derecho Administrativo General*, t. II, Primera edición, IUSTEL, Madrid, 2004.

Sayagués Laso, E, *Tratado de Derecho administrativo*, t. I, 9ª edición puesta al día el 2004, Fundación de Cultura Universitaria, Montevideo.

Torrealba Sánchez, M. A., "Las actuaciones bilaterales: Los contratos públicos y los convenios en la Ley Orgánica de la Jurisdicción Contencioso Administrativa, en *La actividad e inactividad administrativa y la Jurisdicción Contencioso Administrativa* (Dir. V.R. Hernández Mendible), EJV, Caracas, 2012.

Vedel, Georges, *Derecho administrativo*, traducción de la 6ª ed. francesa, Biblioteca Jurídica Aguilar, Madrid, 1980.

Vedel, Georges y Delvolve, Pierre, *Droit administratif*, t. 1, PUF, Thémis, Droit public, Paris, 1992.

Villar Palasi, José Luis, *Apuntes de Derecho Administrativo, Parte General*, t. II, Madrid, 1977.

_____, *Apuntes de Derecho Administrativo*, t. I, U.N.E.D., Madrid, 1974,

_____, "Concesión Administrativa", en *NEJ Seix*, t. IV.

_____, *Técnicas remotas del derecho administrativo*, INAP, Madrid, 2001,

Villar Palasí, J. L, y Villar Escurra, J. L., *Principios de Derecho Administrativo*, t. III, Universidad de Madrid, 1983.

Waline, M., *Précis de droit adminstratif*, t. I, 1e ed., Monchrestian, Paris, 1969,

_____, *Traité Elémentaire de Droit Administratif*, Paris, 1950.

ÍNDICE

www.ingramcontent.com/pod-product-compliance
Lightning Source LLC
Chambersburg PA
CBHW021559210326
41599CB00010B/509